自治会・町内会の経営学

～21世紀の住民自治発展のために～

石栗伸郎 著

文眞堂

まえがき

　「石栗さん，それでは1曲歌ってください」と，皆の前で白岩会長[1]が言った。
　それは，2008年8月，横須賀市K町にあるKM自治会[2]を訪れたときのことである。
　平日の昼前，週に1度の定例の高齢者の集い。団地内から集まった50人ほどの高齢者たちが，司会の男性のリードのもと体操で体をひとしきりほぐした後のカラオケタイムである。
　私は自治会館の集会室の最前列で参加者に紹介され，会長から1曲歌うことを唐突に求められたのである。
　ここで拒んでは，この後のヒアリング調査ができない。私は清水の舞台から飛び降りる気持ちで，加山雄三の「君といつまでも」を歌った。伴奏のない全くのアカペラである。
　私が歌った後は，司会の男性のリードのもと参加者皆で懐かしい歌を何曲か熱唱した。体操した後なので，よく声が出るのである。
　その後は，お待ちかねのランチタイム。自治会の福祉ボランティアグループが手作りした昼食とデザートがふるまわれた。隣り同士でおしゃべりをしながら，お腹も心もいっぱいになるのである。
　おしゃべりと昼食が終われば，解散。参加者は皆にこやかに家路につき，また，来週の水曜日を楽しみに待つのである。
　いきなり私に1曲歌わしめた白岩会長のリーダーシップは卓越しており，また，「自分が楽しまなくちゃ」と話していた司会の人の言葉が，会の活動の好循環を示していた。

　日本国民の多くは，自治会・町内会[3]と共に日々の生活を送っている。自治会・町内会は，国民の8割以上が加入していると推定されるわが国における最

大の民間非営利組織である。

　本書では，民間非営利組織の一形態である自治会・町内会について，その基本的な機能である住民自治の機能に着目し，自治会・町内会を「住民自治的非営利組織」と位置づけている。21世紀の地方自治を担う主権者として地域住民をとらえたとき，自治活動の具体的な発現の場は多くが地域組織においてであり，その中心的組織は自治会・町内会である。

　筆者はこれまでわが国の地域社会における地縁的な非営利組織群や住民による地域的ボランティア活動の姿を研究してきたが，振り返ってみれば，わが国には独自のボランティア活動の長い歴史がある。地域社会の中には豊かな互助的活動とともに，公共性を担う地道な活動のあることが知られており，そうした地域住民による自治的な諸活動を中心的に担ってきた組織が自治会・町内会である。

　住民自治とは，地域住民自身による地域課題の自覚的・主体的な解決の取り組みのことである。地方分権への大きな流れとともに21世紀に入ったわが国にとって，地方自治体による団体自治はもとより，豊かな住民自治こそが今まさに求められている。地域社会においてその歴史的責務を担う組織こそ，住民自治組織としての自治会・町内会である。自治会・町内会は，同時に非営利組織であることから，その組織的な特性を最も適確に表現すれば，「住民自治的非営利組織」となる。

　子ども会や老人会をはじめ，地区防犯・防災組織，民生委員児童委員協議会地区部会など地域社会における各種組織の中で，自治会・町内会は中心核としての役割を果たしており，自治会・町内会が有効に機能しているかどうかは地域住民の生活の質を直接左右する。

　また，地域社会において老若男女誰でも参加でき，誰も排除しないという特別な機能をもっている組織が自治会・町内会であり，同時に，地域における信頼・互酬性の規範・ネットワーク[4]といった，いわゆるソーシャル・キャピタル（Social Capital；人的社会資本）の醸成にも大きく関わっていると考えられている。

　本書では，自治会・町内会を対象に経営学研究の主要な各論の中から組織論，マーケティング論，経営戦略論，人材育成論，経営管理者論についてその

適用を試みている。

　本書の目的は，自治会・町内会に経営学各論の光をあてることで，経営学的な分析と説明を試み，その経営改善策を導出することである。

　本書は，30万団体に及ぶ自治会・町内会に関する経営学研究の創始である。

　本書が，経営学や自治会・町内会，民間非営利組織（NPO），住民自治に関する初学者，自治会・町内会の窓口となっている自治体担当者，また，自治会長・町内会長と役員諸氏の参考になれば幸いである。

注
1　横須賀市KM自治会のヒアリング当時の会長。
2　このKM自治会は活動の活発さで定評があり，各地から視察者が来るような素晴らしい自治会である。
3　自治会・町内会は，地域によって町会，区会，部落会など名称が各種あるが，本書では，そのような地縁に基づく住民組織を包括して自治会・町内会と表記している。
4　2011年の東日本大震災以降は，ネットワークに信頼や愛情などを加味した「絆」という言葉が好んで使われているように思われる。

目　　次

まえがき ……………………………………………………………… i

序章 …………………………………………………………………… 1
 第1節　社会的背景と問題意識 ………………………………… 1
 第2節　研究対象，研究方法および研究課題 ………………… 6
 第3節　全体の構成 ……………………………………………… 9

第1章　自治会・町内会の歴史と高まる期待 …………………… 13
 第1節　自治会・町内会の歴史 ………………………………… 13
 第2節　自治会・町内会の社会的重要性 ……………………… 16
 第3節　自治会・町内会の役割と高まる期待 ………………… 23

第2章　各調査からわかる自治会・町内会の実状 ……………… 34
 第1節　組織規模と全体像 ……………………………………… 34
 第2節　内部構造と財政規模 …………………………………… 36
 第3節　活動内容 ………………………………………………… 38
 第4節　住民の意識 ……………………………………………… 39
 第5節　組織の弱体化と運営上の課題 ………………………… 43

第3章　自治会・町内会に関する先行研究 ……………………… 47
 第1節　非営利組織論の研究成果 ……………………………… 47
 第2節　社会学における自治会・町内会研究の成果 ………… 51
 第3節　ソーシャル・キャピタル研究の成果 ………………… 56
 第4節　行政学その他の研究分野の成果 ……………………… 58

第4章　本研究のために実施した実態調査 ……………………… *67*
第1節　調査の概要と項目 ……………………………………… *67*
第2節　調査結果の概要 ………………………………………… *68*

第5章　自治会・町内会の組織論 ………………………………… *90*
第1節　組織論を構成する諸テーマの概要 …………………… *90*
第2節　組織の定義 ……………………………………………… *92*
第3節　組織均衡論 ……………………………………………… *93*
第4節　組織境界論 ……………………………………………… *94*
第5節　組織環境論と戦略 ……………………………………… *96*
第6節　組織構造論 ……………………………………………… *98*
第7節　自治会・町内会の組織構造 …………………………… *99*

第6章　自治会・町内会のマーケティング論 …………………… *108*
第1節　自治会・町内会が提供しているサービス …………… *109*
第2節　自治会・町内会に対するニーズ ……………………… *112*
第3節　マーケティング論の概要 ……………………………… *116*
第4節　自治会・町内会マーケティング論の特徴 …………… *124*

第7章　自治会・町内会の経営戦略論 …………………………… *134*
第1節　経営戦略論の定義と概要 ……………………………… *134*
第2節　自治会・町内会へ経営戦略論を適用するための
　　　　　前提条件 ………………………………………………… *139*
第3節　自治会・町内会のSWOT分析 ………………………… *142*

第8章　自治会・町内会の人材育成論 …………………………… *150*
第1節　人材育成論を扱う意義 ………………………………… *150*
第2節　自治会・町内会における人材育成の特徴 …………… *155*
第3節　戦略的人材育成 ………………………………………… *162*

第9章　自治会・町内会の経営管理者論 …………………………………… *172*
　　　第1節　経営管理者論の概要 ……………………………………… *173*
　　　第2節　企業経営管理者と自治会長・町内会長の比較 ……… *181*
　　　第3節　自治会長・町内会長の獲得と経営管理者への育成 … *187*

終章 ……………………………………………………………………………… *199*
　　　第1節　本研究の結論 ………………………………………………… *199*
　　　第2節　残された課題と今後の研究に向けて ………………… *201*

あとがき ………………………………………………………………………… *202*
索引 ……………………………………………………………………………… *205*

序章

第1節　社会的背景と問題意識

1．自治会・町内会が置かれている自治の時代

　2000年以降，日本社会は歴史的大変化の中にある。一言でいえば「地域の時代」，「自治の時代」である。2000年に地方分権一括法が施行され地方自治推進の流れが定まったことにより，地方自治体と地域住民が課題解決の主体とならざるをえない状況が，以後，ますます強くなっているのである（山崎1999，中田2007，石栗2009；2011；2012）。

　地域社会における公益的・共益的課題の解決のためには，住民自治的な組織と地域住民自身によるボランティア活動が必須である。総務省の『社会生活基本調査報告』によれば，わが国のボランティア活動は，居住地域に関係する活動形態の行動者率が一番高い[1]。

　また，前世紀末以来続いていた外国籍住民人口の急増は，一旦頭打ちしたものの，異文化受容と共生の課題は全国各地に生じている。生活の多様化が進む地域社会の中で社会的排除を生まないためには，地域住民全体を包み込む機能をもった自治会・町内会の果たす役割が極めて大きく，これに代わる民間非営利組織（NPO）はない。特に，2010年にNHKテレビで特集され大きな衝撃を与えた「無縁社会[2]」を変革していくためには，人間的「絆」の再生の場としての地域社会において，地域住民であれば誰も排除しない自治会・町内会に期待される役割は大きい。

　さらに，非常時・大規模災害時における自治会・町内会の役割が，復興過程も含め注目を浴びている[3]。

　ここで改めて，2000年以降の地域社会に係わる特徴的な変化について，年をおって確認しよう。

　2000年に地方分権一括法が施行され，それまで上下関係だった国と地方自

治体の関係が，理念としては水平の関係になった。自治体の財政基盤の確立などの重要な課題を残しながらも，分権・地方自治推進という目的をかかげた歴史的な大転換であった。

また，同年には社会福祉法の改正があり，市町村は包括的な計画としての「地域福祉計画」の策定が義務付けられた。この新しい社会福祉法のもと，住民は地域福祉の担い手に位置づけられたのである。

2001年4月小泉純一郎内閣が発足し，日本経済の構造改革や政府の民営化を強力に進めたが，そのことが地方の疲弊と国民の経済格差を招いた。また，6月には大阪府池田市で衝撃的な児童殺傷事件が起き，学校を含む地域社会の安全に対する大きな関心を惹起した。

2002年には「学校週5日制」が完全実施され，地域での社会教育への期待が高まった。地域社会が，土曜日の子どもたちの遊びや学びの受け皿を提供することを期待されている。

2003年秋には第27次地方制度調査会の最終答申が小泉首相（当時）に提出され，その中では市町村合併の推進を前提として「地域自治組織」や「地域自治区」の編成が提言された。合併によって手薄になる狭域的事務を，住民の代表者を長とする「地域自治組織」に委ねようというものであった。同年以降，市町村合併による自治体の広域化[4]がすすみ，地域（狭域）自治の役割が増大している。

また，2004年5月には，2001年9月11日（米国東部時間）に起きた米国同時多発テロ事件を発端とした国際テロの脅威を背景に「国民保護法」が制定され，有事や国内テロの際には，自治会・町内会などが組織している地域防災組織が住民避難の際の組織として扱われることになった。

2005年4月には「コミュニティ・スクール（正式には「学校運営協議会制度による学校」）がスタートした。これは「住民や保護者が『権限』と『責任』を持って学校運営に参画する新しい」取組みである[5]。提案者の金子郁容教授によれば，「学校の問題は基本的にはコミュニティの問題」[6] である。

さらに，同年には予測より早く歴史的な人口減少が始まり，健康保険制度と年金保険制度のみならず，わが国社会全体のあり方を根本から再検討すべき事態となった。高齢・人口減少社会を支える地域のあり方が問われているのである。

2006年には夕張市の財政破綻が明らかになり，財政再建団体への移行が住民と全国の自治体に衝撃を与えた。また，政府の行財政改革のもと，自治体と地域の自立のあり方が鋭く問われている。国と地方自治体の長期債務残高は1,000兆円を超える（2015年度末政府案）ことから，国とともに地方自治体の先行きをも暗雲が覆っている[7]。

　2007年には団塊世代の大量退職が始まり，そうした人たちの地域社会への受け入れ方が，社会的課題となっている。

　2008年は，9月15日のリーマン・ショックに端を発した米国発の金融危機が世界を飲み込み，日本経済も歴史的な大打撃を受けた。企業業績の極端な悪化が大量の従業員解雇とともに政府・自治体の税収減をもたらし，政府・自治体の財政赤字を増大させた[8]。その結果，地方自治体でも事務事業の見直しが始まり，住民サービスの切り下げが起こっている。そうした流れは，行財政改革・市民協働・住民参加の名のもとに，公共的事務への地域ボランティアの動員という形に帰結する。

　2009年は，民主党が8月の衆議院議員総選挙でマニフェストに「地域主権」を掲げて歴史的大勝利をおさめ，選挙に基づく初の政権交代に成功した。鳩山由紀夫内閣の下で実施された行政刷新会議の事業仕分けなどによりそれまでの国の事業計画が大幅に見直されたことで，地方自治体にも少なからぬ影響が出た。

　翌2010年6月には民主党の菅直人内閣により「地域主権大綱」が閣議決定されたが，その主旨は，政府中心の政治・行政から脱却し，地方自治体の団体自治を拡充しつつ住民による自治を振興していこうというものであった。

　2011年3月11日の東北地方太平洋沖地震に伴う東京電力福島第一原子力発電所の放射能漏れ事故により，地元自治体の全村避難が実施された。ひとつの自治体が住民とともにそっくり別の土地に避難することは東京都大島村などでも起きたことだが，今回は遠い将来にわたって帰還できない恐れがあるという極めて深刻な事態となった。地震と放射能は広範囲に被害を及ぼしたが，被災した自治体と住民が新しい地域社会をどのように復興・建設してゆくかは，ひとりその自治体と住民の問題ではなく，日本社会全体の重い課題となっている。

　そうしたなか，同年5月，続いて8月には，「地域の自主性及び自立性を高

めるための改革の推進を図るための関係法律の整備に関する法律」（第 1 次・第 2 次一括法）が公布（2012 年 4 月 1 日施行）された。神奈川県横須賀市の場合でいえば，第 2 次一括法関連で 400 件を超える事務の権限が市の固有事務として委譲され，基礎的自治体への分権は大きく進んだといえる。

　翌 2012 年以降のわが国は，東日本大震災からの復興への取り組みの途上にあるといえる。この年 5 月，廃炉と決まった福島第一原子力発電所を除く 50 基すべての原子力発電所が稼動停止となった。地域社会も含めたわが国の将来が原発と共存できるのかどうかは，国民にとって一大テーマになっている。原発によるリスクは立地自治体のみの問題でなく，周辺自治体や発生させた電力を消費する遠隔地自治体の問題でもある。前年以来，エネルギー問題はすべての自治体・国民の課題となっている。

　2013 年は，前年 12 月の衆議院議員総選挙で自民党が 269 議席を獲得する大勝利で与党に復帰し，安倍晋三氏が第二次安倍内閣を組織して自民党政権に戻ると，アベノミクス政策（3 本の矢：大胆な金融政策，機動的な財政政策，民間投資を喚起する成長戦略）を掲げ，更なる借金に支えられた経済財政運営を実施した。安倍政権誕生とともに年間を通して円安が進み（1 ドル 85 円から 104 円まで），株価は 10,230 円から 6,000 円近く上昇した。こうした反面，引き続く財源不足のため国は地方交付税を各自治体に現金で支払うことができず，不足分を自治体の借金として肩代わりさせる臨時財政対策債の起債を自治体に強要し続けている。これは自治体財政にとって極めて不健全な状況を作り出している。

　2014 年は，引き続きアベノミクス政策によって年間を通じて円安と株高が基調であった[9]。4 月の消費税の 5% から 8% への増税をはさんで，勤労者の実質賃金は下落を続けた。12 月に突然実施された衆議院議員総選挙で安倍政権は勢力を維持し，新たな 4 年間に向けて引き続きアベノミクスを推進するとしたが，国と地方自治体の債務残高は引き続き上昇している。そうしたなか，千葉県富津市が 2018 年度に夕張市に続く財政再建団体に転落（財政破綻）する見込みとの発表があり，住民と自治体関係者を驚かせた。自治体と住民生活の将来は引き続き不透明である。

　この年 5 月，日本創生会議の人口問題検討分科会が，人口減少により 2040

年には消滅する可能性のある自治体（消滅可能性都市）が全体の半数の896団体に及ぶことを予測[10]し，社会に衝撃を与えた。人口減少が自治体を根底から揺るがすほどの問題となっており，このことへの対策が自治体と住民にとって大きな課題として立ち現れている。すでに一部の地域社会では高齢・少子化を伴う人口減少により，その共同性を維持できなくなりつつある。

　こうしたことから，2014年12月，政府は人口減少打解と地方再生を究極目的とした「まち・ひと・しごと創生総合戦略」を閣議決定し，全ての自治体に独自の同戦略策定を義務づけたことから，各自治体とも2015年度中の策定に向けて取り組んでいるところである。同戦略の中では，「地方の再生なくして日本の再生はない」ことが強くうたわれている。ここでいう「地方の再生」とは，まさに憲法第72条にいう「地方自治」の21世紀的実現にほかならない。

　以上のように，2000年以降，中央政府中心の縦型の行政構造から地方自治体中心の横型の行政構造に大変換したことを契機にして，社会経済環境の変化のもと，地方自治体の主導性とともに地域社会を担う住民の主体的な課題解決への要請が年を追って強まっているといえる。

2．本研究の背景と意義

　自治会・町内会は全国至るところにあり，その数は30万団体に及んでいる[11]。そして，国民の8割以上が加入していると推定される[12]わが国最大の民間非営利組織である。営利を目的としない組織であると同時に，地域社会における住民自治を中心的に担っている住民自治組織である。この自治会・町内会の経営が効果的・持続的・発展的であるかどうかは，国民の生活の質を直接左右する。

　例えば，1995年の阪神淡路大震災以降，2007年の新潟県中越沖地震，2008年の岩手・宮城内陸地震，2011年の東日本大震災でも，発災時やその後の復旧・復興時における住民による地域的連帯の重要性が繰り返し指摘されており，非常時における自治会・町内会の役割が改めて注目を浴びている。

　また，平常時においても，自治会・町内会は地域社会の中で誰でも参加でき，誰も排除しないという公共性を担っている。前世紀末以来，外国籍住民の増加による異文化受容と共生の課題が全国各地に生じているが，多様化・多文

化化が進む地域社会の中で社会的排除を生まないためには，地域住民全体を包み込む機能をもった自治会・町内会の果たす役割が極めて大きく，これに代わる地域組織はほかにはない。

前項で確認したように，自治会・町内会を中止とする地域社会に対して期待とニーズが高まる一方で，近年，地域社会内のソーシャル・キャピタル（信頼・互酬性の規範・ネットワーク）が減少しつつあり，核家族化，共働き化，高齢化，少子化，人口減少なども重なって，少なくない自治会・町内会は，後継者難や加入率減といった組織的存亡の危機に直面している。

こうした状況の中で，本研究が持つ社会的意義は，国民の大多数が加入している自治会・町内会組織の経営改善策を明らかにすることで，わが国地域社会の最大の課題である安心・安全の問題をはじめとした国民生活の質の維持・改善に貢献することである。

また，本研究の学術的意義は，自治会・町内会というわが国最大の民間非営利組織群まで経営学の射程を拡大することである。それは，ちょうど1980年代にNPOが隠然たる勢力となりつつも，その実態・実像がわからなかったことからNPO研究が世界的に始まったことに似ている。自治会・町内会という住民自治組織を非営利組織としてとらえて研究することは，従来の非営利組織研究の欠落した研究分野を埋めるものである。

一方，自治会・町内会のような住民自治的非営利組織はわが国に特殊な存在ではなく，地域住民による互助的な日常生活のあるところにはどこにでも存在すると考えられている[13]。したがって，わが国の自治会・町内会の経営改善策を明らかにすることは，世界各国に存在するそうした住民自治的非営利組織の経営改善策の解明についても示唆を与える可能性がある。

第2節　研究対象，研究方法および研究課題

1．対象は自治会・町内会

前述のとおり，住民自治組織としての自治会・町内会への期待と果たすべき役割が大きくなっている。21世紀の地方自治を考えたとき，主体としての地

域住民による自治活動の具体的な発現の場は多くが地域組織においてであり，その中心的組織は自治会・町内会である。

しかし，他方，地域住民による地域的な非営利組織の多くは「権利能力なき社団」として民法をはじめとする諸法の枠組みの外に置かれていたこともあり，経営学の対象としてとらえられてこなかった。

現実には，日本国民の大多数が自治会・町内会をはじめとする地域的な非営利組織の下で日常の暮らしを営んでいるのであるが，地域が安全で，住民が心豊かに暮らせるためにはそうした組織をどのように経営していったらよいかに応える理論的蓄積は極めて少ない。

したがって，本研究では自治会・町内会を対象とし，地域住民自身の手によって，地域住民のために，それらをどのように経営していったらよいのかを明らかにしようとするものである。

2．経営学アプローチの有効性

自治会・町内会については，これまで，社会学，歴史学，民俗学，行政学，政治学などさまざまな分野から研究がなされてきた。また，政府・自治体などによる各種調査結果も公表されている。それらにより，自治会・町内会の歴史・機能・役割・実態はある程度明らかになっているものの，自治会・町内会を組織としてとらえ，その経営改善策について具体的に考察を加えた研究はほぼ皆無である[14]。

自治会・町内会が組織である以上，その組織的存亡の危機に際して有効な改善策を案出するためには，組織論をはじめとする経営学の各論によるアプローチが最もふさわしい。本研究の方法は，C. I. バーナードをはじめとする経営学の諸理論や関連研究分野としての社会学ほかの理論研究，ならびに，政府・自治体・民間機関などが行った各種調査及び独自に行ったアンケート調査などに基づく実証研究である。

3．「住民自治的非営利組織」としての自治会・町内会

わが国には独自のボランティア活動の長い歴史があり，地域社会の中には豊かな互助的活動とともに公共性を担う地道な活動のあることが知られている

が，そうした地域住民による自治的な諸活動を中心的に担ってきた組織が自治会・町内会である。

そもそも，住民自治は，第2次世界大戦を経て制定された日本国憲法において初めて明文規定されたものである。憲法第92条では「地方公共団体の組織及び運営に関する事項は，地方自治の本旨に基いて，法律でこれを定める」としているが，この地方自治の基本精神たる「地方自治の本旨」とは，「住民自治と団体自治の二つの要素」からなり，「住民自治とは，地方自治が住民の意思に基づいて行われるという民主主義的要素であり，団体自治とは，地方自治が国から独立した団体（地方自治体：筆者注）に委ねられ，団体自らの意思と責任の下でなされるという自由主義的・地方分権的要素」である（芦部・高橋 2002, p.337）。

この住民自治と団体自治の関係について，浦部（2006）は，「『地方自治の本旨』とは，要するに，人権保障と民主主義の実現という点にあり，このためには，『住民自治』が不可欠であり，住民自治を実現するための『団体自治』も不可欠となる[15]」として，住民自治の優先性を指摘し，「『住民自治』と『団体自治』を並列的なものとしてとらえるのでなく，『住民自治』が基本であり，そのために『団体自治』がある，ととらえるべきである[16]」とする。

そして，憲法第92条の委任を受けて1947年5月3日，憲法と同日に施行された地方自治法について，松本（2007）は，この住民自治を担うべき住民の自治意識に触れ，「元来，『自治』とは，その文字の示すとおり，『自ら治めること』，すなわち，『自らのことを自らの手によって処理すること[17]』」であるとし，「住民自治に係る諸制度・・・（中略）・・・を適切に活用し，住民自治の理念を実現するためには，住民自身の自覚と自治意識が不可欠である[18]」と指摘している。

まさに，松本の言うように，住民自治とは，地域住民自身による地域課題の自覚的・主体的解決の取り組みのことである。地方分権への大きな流れとともに21世紀に入ったわが国にとって，地方自治体による団体自治はもとより，豊かな住民自治こそが今まさに求められているといえる。自治の最小の単位としての地域社会においてその歴史的責務を担う組織こそ，住民自治組織としての自治会・町内会である。したがって，自治会・町内会は「住民自治の学校」

と言える。そこには，地域住民の誰もが参加することができ，また，誰も排除されることがなく，自治を実践的・体験的に学ぶことができるのである。

また，自治会・町内会は，原則的に地域住民のみから構成され，地域住民自身のボランティア的参加によって，地域課題の解決や地域住民の共益と公益の実現を目的とする非政府・非営利の民間組織であることから，非営利組織論が規定するところの民間非営利組織（NPO）[19]として位置づけることができる。

自治会・町内会を，これらの基底的性格から端的に表現した用語が，「住民自治的非営利組織」である[20]。自治会・町内会の研究にあたっては，自治会・町内会を住民自治的非営利組織として位置づけることにより，初めて，住民自治組織を研究する行政学や政治学，社会学の知見，あるいは，非営利組織を研究するNPO論や経営学の知見などを，学際的・統合的に援用することが可能となる。

4．研究課題の提示

本研究の主たる内容は，自治会・町内会に対する経営学各論の適用である。

第1章から第4章までは，自治会・町内会の現況について説明している。

続く第5章から第9章までは，経営学史上はじめての自治会・町内会を対象とした経営学各論の適用である。このことにより，組織論をはじめとする経営学各論の射程を拡張するとともに，新たな知見の獲得をめざした。

第3節　全体の構成

1．本書の全体構成

第1章では，社会学や行政学などの研究蓄積に基づき自治会・町内会の歴史について述べる。つづいて，自治会・町内会に対して社会的な期待が高まっていることについて述べる。

第2章では，自治会・町内会について2000年以降に実施された各種調査を概観する。先行調査としては，政府や他の機関が自治体に対して所管する住民自治組織の実態を照会した調査，自治体などが域内の自治会・町内会に対して

実施した調査，政府・自治体などが住民に対して行った自治会・町内会に関する意識調査などの3種類がある。本章の最後で，自治会・町内会の弱体化を確認する。

つづく第3章では，自治会・町内会に関して経営学以外の分野からこれまで行われた学術的研究について概観する。まず，社会学，行政学，政治学，歴史学などの分野における自治会・町内会研究の成果について検討し，経営学と非営利組織論からの知見を確認し，最後に，社会学やNPO研究で近年関心を集めているソーシャル・キャピタルについて，自治会・町内会との関係性を検討し，地域社会の維持再生のためには，自治会・町内会活動がソーシャル・キャピタルの醸成に効果的であることを示す。

また，第4章では，これまでの先行調査・研究で明らかになっていない事柄，特に，自治会長・町内会長の活動を支えている動機（誘因）や組織運営の具体的内容などに関して，筆者が独自に行ったアンケート調査により得られた知見について述べ，検討を加える。

第5章以下では，これまで行われていなかった経営学からの自治会・町内会研究について，経営学を構成する各論の中から主要なものを自治会・町内会に適用する。これらの各章では，経営学各論の主要なものとして，組織論，マーケティング論，経営戦略論，人材育成論，経営管理者論を選び，自治会・町内会を対象組織とした場合に各論がどのように適用可能であるか，また，適用した結果得られた知見について述べている。これらの各章は，自治会・町内会を対象とした経営学史上初の本格的研究である。

終章では，本書の結論として，得られた知見について述べ，また，残された課題と今後の研究方向などを示す。

注
1　総務省統計局（2007年）。
2　NHK「無縁社会プロジェクト」取材班（2010）及びNHKスペシャル取材班（2012）参照。
3　山崎（1999, pp. 129-138）。
4　自治体の数は，「平成の大合併」を境に3,200余から1,700余まで約半減したため，逆に，各自治体の領域面積は平均で約2倍になったことになる。
5　金子（2005, p. 31）。
6　金子（2005, p. 55）。
7　その最たるものは国から自治体に押し付けられた臨時財政対策債の起債である。国は，財源不足

から，自治体に対する地方交付税を現金で満額支払えなくなったため，不足額分につき，自治体が起債して埋め合わせることになってしまった。国は，その起債額分を翌年度支払う形式をとっているものの，毎年度の実績としては，国の借金を自治体が肩代わりする構図となっている。

8 　財務省（2015）によれば，リーマン・ショックのあった2008（平成20）年度末現在の国と地方の長期債務残高は各々573兆円と197兆円，計770兆円だったが，2015年度末（政府案）では，各々837兆円と199兆円，計1,035兆円になる。この利払いだけでも1日800億円といわれる。

9 　日経平均株価については，2014年1月6日15,908円88銭が12月30日17,450円77銭に，また，円ドル為替レートについては，1月1日105円23銭が12月31日119円68銭となっている。

10 　増田（2014，p. 29）によれば，「2010年から2040年までの間に『20〜39歳の女性人口』が五割以下に減少する市区町村数は，・・・（中略）・・・896自治体，全体の49.8％にものぼる結果」となった。そして，「このような地域は，いくら出生率を引き上げても，若年女性の流出によるマイナス効果がそれを上回るため，人口減少が止まら」ず，「こうした地域は消滅する可能性がある」（増田2014，p. 24）とした。

11 　総務省（2014）によれば，2013年4月1日現在，全国には298,700の自治会・町内会等が存在するとされる。また，総務省（2002）によれば，当時296,770団体があり，内訳は，自治会が114,222（38.5％），町内会65,685（22.1％），町会17,813（6.0％），区会42,880（14.4％），区会5,773（1.9％），部落会15,851（5.3％），その他34,546（11.6％）であった。
　　自治会・町内会は，開発団地の建設などに伴い，現在も日々新たに作られている。

12 　第2章の注1参照。

13 　行政学者の西尾勝は，高木（2005）の解題の中で，「近代以前の国々であれば，どこの国にも『自警』と『隣保共助』を目的にした何らかの地域的組織が存在するのである。そして，近代国家の建設過程においては，これらの土着の地域的組織をどのように新しい政府体系と関連づけていくかが，地方自治制度の設計上の重要課題になるのである」と言う（西尾2005，p. 1045）。
　　また，社会学者の倉沢進は，同じく高木（2005）の解題の中で，「町内会が日本独自の組織という理解は情報不足による誤りであり，世界にさまざまな形態・機能の地域住民組織が存在することが，次第に明らかになりつつある。地域住民組織の国際比較研究の展開が待たれる所である」と言っている（倉沢2005，p. 1060）。

14 　自治会・町内会に関する経営学的研究のさきがけとして，丹羽（1998）がある。
　　丹羽は，自身が居住する江南市の自治会（620世帯）について，「地の人」と「来たり人」という概念を軸に，その合理性と非合理性について考察している。そして，「小さなコミュニティをより活性化する要素の一つは，サイレントマジョリティをどう〈参加の目線〉まで近づけるか，そして取り入れるか」であるとしている（丹羽1998，p. 31）。
　　また，最後に，「自治会の一単位を社会経営学的（むしろ経営組織論）に見て，どう有効な方法が得られるか」を考察するとして，C. I. バーナードを援用し，「自治会も古い企業体として置き換えて考えてみることができる。つまり，機械を動かす古い管理方式が『地の人』の管理であり，前進性がない」とする。また，「レヴィンの言う人間とパーソナリティ，いわば人間行動科学を加えて考えねばならない」とし，「人間行動の軸となる人間関係のシステムを自治会として考えてみると，そこでは企業のいう協働意識の形成が必要となるように，自治会全体の歩調がそろうことが望まれる。自治会長は伝統的〈口伝〉形態を温存することなく，自治会規約の制定など新しいコミュニティづくりのために基本に立ち返ることが急務となろう」と指摘している（丹羽1998，p. 32）。

15 　浦部（2006，p. 574）。

16 　浦部（2006，p. 576）。同様の趣旨として，「住民自治が基本あるいは目的であり，団体自治は住民自治を実現するための手段であるとされる」（渋谷・赤坂2007，p. 181）という指摘がある。

17 　松本（2007，p. 1）。

18　松本（2007, p. 86）。
19　NPO については第 3 章で検討する。
20　自治会・町内会に対するこの用語は，筆者が名付けたものである。

【参考文献】
NHK「無縁社会プロジェクト」取材班（2010）『無縁社会 "無縁死"三万二千人の衝撃』文藝春秋，2010 年 11 月 15 日。
NHK スペシャル取材班（2012）『無縁社会』文藝春秋，2012 年 7 月 10 日。
芦部信喜・高橋和之（2002）『憲法　第三版』岩波書店。
石栗伸郎（2009）「住民自治的非営利組織たる町内会の活性化モデルの構築」ISS 研究会『現代経営研究』第 11 号，pp.1-50。
石栗伸郎（2011）「自治会・町内会に対する経営戦略論の適用に関する予備的考察」関東学院大学経済経営研究所『関東学院大学経済経営研究所年報』第 33 集，2011 年 3 月，pp.165-185。
石栗伸郎（2012）「自治会・町内会への組織論適用に関する予備的考察」関東学院大学経済経営研究所『関東学院大学経済経営研究所年報』第 34 集，2012 年 3 月，pp.147-165。
浦部法穂（2006）『憲法学教室　全訂第 2 版』日本評論社。
金子郁容（2005）『学校評価―情報共有のデザインとツール』筑摩書房。
倉沢進（2005）「町内会研究の意義と課題―高木鉦作氏の大作を読む」高木鉦作（2005）『町内会廃止と「新生活協同体の結成」』東京大学出版会，pp. 1047-1062。
財務省（2015）ホームページ「日本の財政を考える」中「国及び地方の長期債務残高」（http://www.zaisei.mof.go.jp/pdf/3-4（サブ）長期債務残高の推移.pdf，2016/2/11）。
渋谷秀樹・赤坂正浩（2007）『憲法 2 統治　第 3 版』有斐閣。
総務省（2002）「地縁による団体の認可事務の状況等に関する調査結果」総務省第 29 次地方制度調査会資料「基礎自治体における住民自治について」（http://www.soumu.go.jp/singi/pdf/No29_senmon_5_si1.pdf，2008/11/29）。
総務省（2014）「自治会・町内会等とは」『都市部におけるコミュニティの発展方策に関する研究会参考資料 1』（http://www.soumu.go.jp/main_content/000307324.pdf, 2016/2/11）。
総務省統計局（2007）『平成 18 年社会生活基本調査報告』（http://www.e-.go.jp/SG1/estat/GL08020101.do?_toGL08020101_&tstatCode＝000000000322&requestSender＝search，2011/12/4）。
高木鉦作（2005）『町内会廃止と「新生活協同体の結成」』東京大学出版会。
中田実（2007）『地域分権時代の町内会・自治会』自治体研究社。
西尾勝（2005）「町内会部落会の行政的機能に関する執念の労作―伝統と近代，自治と統治の相克と相互補完」高木鉦作（2005）『町内会廃止と「新生活協同体の結成」』東京大学出版会，pp.1029-1045。
丹羽弘行（1998）「小さなコミュニティ研究―自治会の経営学的思考から」『愛知産業大学経営研究所報』愛知産業大学経営研究所，1998 年 9 月，pp.23-34。
増田寛也（2014）『地方消滅　東京一極集中が招く人口急減』中公新書。
まち・ひと・しごと創生本部（2014）「まち・ひと・しごと創生総合戦略」（http://www.kantei.go.jp/jp/singi/sousei/info/pdf/20141227siryou5.pdf，2016/2/11）
松本英昭（2007）『地方自治の概要　第 1 次改訂版』学陽書房。
山崎丈夫（1999）『地縁組織論―地域の時代の町内会・自治会，コミュニティ』自治体研究社。

第1章
自治会・町内会の歴史と高まる期待

はじめに

　自治会・町内会について説明するにあたり，本章ではその歴史について最初に述べる。続いて，本研究の対象とする地域の定義を確認し，自治会・町内会を取り巻く地域社会の最近の変化，福祉の地域化などの環境変化を概観し，こうした環境の変化にともなって自治会・町内会への社会的ニーズが高まりつつあることを述べる。

第1節　自治会・町内会の歴史

1．自治会・町内会の歴史

　自治会・町内会は，全国に約30万団体ある。さまざまの地域組織を統括したり連絡調整したりする役割を持っており，地域社会統合の要，ネットワークの中心核となっている。本節では，自治会・町内会を歴史的に代表する組織として町内会を取り上げ，その歴史を素描する。

(1)　1940年内務省訓令第17号以前の町内会の概略

　岩崎（1989）によれば，京都を例にした町内会の成立と歴史については，概略以下のとおりである[1]。
　まず，町内会の源初となる「町」は，隣保団結の地縁組織であり，「応仁の乱（1467～77）の廃墟の中から，暴力に対し生活の安全を守るために結成されていったもので，それは，交差する街路をもって区切られた，街路をはさむ両側をもって1町を形成したものである」（岩崎 1989, p. 99）。

そして，この町は，「14世紀以来成長してきた封建的自営農民によって結成された相互扶助の自治的な共同体組織＝『惣』結合に応ずるものであり，都市に成長してきた商工業者，金融業者たちの座的な組織を前身としていた」（岩崎 1989, p. 99）とする。

　その後，16世紀末に入京した織田信長が町の結合体である「町組」を「犯罪人の告発逮捕，地子銭の徴収，労役賦課，御貸米の利米の収納など統治の手段として利用したため，町組は，自治・自衛の住民組織から行政機構の補助組織へと大きな変化をこうむった」のである。

　その後，徳川時代の初期の京都には，1町あたり少なくとも20〜30軒，普通は40〜50軒から成る町が1,400余（戸数7,000余）あり，1組53〜54町から成る町組が26あったとする。

　町では，「年寄（任期3年），五人組役（任期2年）という町役を選挙で選び（江戸，大坂は世襲），触（ふれ）の伝達，警察事務の分担，町内居住者の整正，家屋敷の売買，借家の手続き，町内共同の自衛活動，家督相続の公証，金銭貸借の保証，戸籍事務，京都全体の経費分担など広範で重要な仕事を行っていた」（岩崎 1989, p. 99）。一方，行政は所司代，町奉行によって完全に掌握されていたものの，その役人は70〜80人にしかおらず，「こうした『町請制度』が有効に機能していた」（岩崎 1989, p. 99）と指摘する。こうした小さな行政・大きな住民自治の姿は，現代にも活かせる貴重な歴史的経験である。

　明治になると，「20数町を1組とするよう町の再編がなされ，その組を行政単位にすると同時に小学校の建設が義務づけられ」，「この番組＝学区の長として区長が置かれ，小学校が豆役場とされた」。ここにおいては，「町組＝小学校区＝行政区」である。

　その後，明治22年の市制・町村制，特別市制施行に至り，京都市が誕生すると，「組（学区），町の一切の行政事務が市に移管された」。しかし，そのことによって，行政と市民との間の距離が余りにも大きくなったことから，明治30年「公同組合設置標準」が制定され，生活自治組織としての公同組合（町内会）が学区単位に作られたという。

　昭和に入って，満州事変（昭和6年）以降，「公同組合（町内会）の組織が，国防献金，慰問袋，防護団，防空演習など戦時態勢下に利用されるようにな

り，公同組合（町内会）の活動と戦争を切り離して論じることはできなく」なってしまう。そして，「昭和15年，内務省訓令第17号により，町内会の官製化が行われた」のである。

以上が岩崎（1989）による1940年までの京都を例にした町内会の歴史であるが，特に，内務省訓令第17号に至る経緯について，久世（2000）は「昭和18年に至って，国策の地方に対する浸透徹底と，国民生活の確保・安定を期することを改正の主眼として，いわゆる地方自治に対する中央統制が徹底されることとなった」のであり，また，「町内会，部落会を法制化して，市町村長の支配のもとに置くという，中央集権的な改革が実施されることとなった[2]」と指摘している。

ここまでをまとめれば，自治会・町内会は住民の安心・安全のための自治組織として生まれながらも，その歴史的過程においては，二度にわたり為政者や国家によって統治機構の一部に組み込まれたことがあるということである。

(2) 第2次世界大戦後の自治会・町内会の歴史

第2次世界大戦戦後の自治会・町内会の歴史について，菊池（1999）によればおおむね次のとおりである[3]。

第2次世界大戦後，自治会・町内会は連合軍総司令部（GHQ）により一度解体されたが，「1950年代後半から組織化が始まり70年にはほぼ全国に結成されて，婦人会・老人会・子ども会などと連携しながら活動を展開した[4]」。

高度成長時代は，「都市では新住民の急増，住民層の異質化と流動化にともなって地域の解体がすすみ，町内会・自治会の形骸化が問題になった。農村では住民の流出による地域の維持の困難化，自治会などの住民組織の形骸化が問題とされた」。一方，「こうした時代にあって地域の再編成と活性化をめざして新しく登場したのが，コミュニティづくりの活動」であり，その頃は，「町内会・自治会という地縁組織の展開と変容，余暇利用型や住民運動型の有志組織の拡大，コミュニティという広域的地縁組織の登場などがみられた時代であり，わが国の地域活動の転換期でもあった」とする。

その後の「1980年代から90年代にかけては，これらの地縁型と有志型の組織がそれぞれの道をたどって活動を展開し，それらの道は平行したり，交差し

たり、時には重複して、道路案内図のようなものが必要になった」。そして、その後、1990年代の「バブル経済の崩壊後は、わが国の地域活動は厳しい現実に直面している。企業経営の悪化、雇用の不安定化、生活の緊迫化が、人びとの住民活動と住民組織への参加に影を投げかけている。とくに余暇利用型有志組織の退潮、地縁型組織の活動の停滞が懸念され、行政による地域の組織や施設への支援の縮小などもじわじわ進んでいる」。そうした企業と行政の活力が低下するなかで、「マチづくりの担い手として住民の活力への期待がたかまりつつある」とする。

以上が、菊池（1999）による第2次世界大戦後世紀転換期前までの自治会・町内会の歴史の素描である。これによると、戦後わが国経済の成長と激変の中で地域社会が崩壊していくが、そのことへの反省と対策としてコミュニティづくりが国家施策として展開されたこと、また、コミュニティづくりの担い手が地域住民自身であり、その活力への期待がたかまりつつあることがわかる。

21世紀に入ってからの自治会・町内会をとりまく環境変化と期待は先に述べたとおりである。

総括的に言えば、自治会・町内会は住民による相互扶助・防犯・防災などを主たる目的とする自治的組織であるが、その網羅性・包括性・全世帯加入制などから、時として、為政者・国家によって統治機構の末端に組み込まれたことも歴史的事実としてあったということである。しかし、そうした点を自治会・町内会自身の本源的側面として非難することは妥当ではない[5]。

また、同時に、行財政改革の下向き圧力が強まる現代において、基礎的自治体が地域住民に対して行政機能の一部を外部化する傾向があることも、歴史的経過にてらして、注意すべき点である。

第2節　自治会・町内会の社会的重要性

1．自治会・町内会の主たる機能

自治会・町内会の機能については、第3章で詳しく検討するので、本節では要点のみを確認しよう。

自治会・町内会の機能について，岩崎（1989）は「町内会の目的は，町内の生活を住み良いものにするために，共同生活の環境・条件を保全し，町内住民の親睦・交流をうながすところにあることは大方の確認できるところである。しかし，その活動内容となるときわめて多面的である[6]」とし，T.パーソンズによる社会システムの機能分析枠組みである AGIL 図式を利用して，自治会・町内会の機能を4象限に整理している。

A ; adaptation（適応）＝「公的・共同的資源の調達」機能
G ; goal attainment（目標達成）＝「共同生活の環境・条件の整備・保全」機能
I ; integration（社会統合）＝「町内社会の統合・調整」機能
L ; latent」（潜在的機能）＝「意見交換と合意の形成，個性の交流と共同感情の表出」機能

4象限というのは，自治会・町内会のすべての機能を，業績本位か所属本位か，普遍的なものか特殊なものか，の2軸により4区分したものである。例えば，業績本位で普遍的なものは，「公的・共同的資源の調達」に関わる機能（A）であり，業績本位で特殊主義なものは，「共同生活の環境・条件の整備・保全」機能（G）。また，所属本位と特殊主義なものは，「町内社会の統合・調整」機能（I）で，最後に，所属本位で普遍主義なものは，「意見交換と合意の形成，個性の交流と共同感情の表出」機能（L）となる。

岩崎は，自治会・町内会はこうした各機能を共通して持つものの，個々の会においては活動の個性として，4事象のいずれかで相対的に重点が異なるものであると指摘している[7]。

自治会・町内会の機能を知る一助とするために，実際の自治会・町内会役職者名簿を参考に見れば，図表1-1のとおりである。この図表の大木根町内会[8]は，横須賀市の西地区に所在し，相模湾に面した良港を持つ長井地区（小・中学校区と連合町内会区が一致している旧村）15自治会・町内会の一つである。

この大木根町内会の場合，4役（会長，副会長，会計，監査（書記）各1名ずつ）が選挙対象となる役職であり，任期は1年である。

図表1-1　町内会役職者一覧の事例

番号	役職名	人数	行政側担当課	備考
1	会長	1	市民生活課	選挙
2	副会長	1		選挙
3	会計	1		選挙
4	監査（書記）	1		選挙
5	八雲神社氏子総代	3	なし	
6	保護司	1	人権・男女共同参画課	
7	民生委員児童委員	1	福祉総務課	
8	青少年育成指導員	1	こども青少年企画課	
9	体育指導委員	2	スポーツ課	
10	老人会会長	1	長寿社会課	
11	クリーン委員	6	資源循環推進課	
12	ごみダイエット推進委員	2	資源循環推進課	
13	社会福祉推進員	3	福祉総務課	
14	消防協力委員	1	消防局総務課	
15	防災指導員	1	消防局総務課	
16	消防団分団長	1	消防局総務課	
17	消防団副分団長	1		
18	婦人防災クラブ委員	2	消防局総務課	
19	太鼓保存会会長	2	文化振興課	
20	子供会会長	1	こども青少年企画課	
21	子供会副会長	1		
22	子供会会計	2		
23	子供会書記	2		
24	少年補導員	1	所轄警察署	
25	地域防犯責任者	1	所轄警察署	会長兼任
	計	41		

（注1）　クリーン委員は，現職と歴代の四役が兼任することになっている。
（注2）　四役は年度当初の組長会議で信任が必要とされ，他の役職は個別の組織で選任されたものを追認するか，会長が依頼又は指名する。
（出所：横須賀市大木根町内会（未法人化）の役職名簿から一部抜粋，2005年現在。）

役職者名簿に登載される役職者は，4役のほか，町内の各単位団体の会長以下役員と，自治体と所轄警察署から委嘱のための推薦依頼があり推薦・委嘱のなされた特別職非常勤公務員たる保護司，民生委員児童委員や，青少年育成指導員，青少年相談員，体育指導委員，少年補導員などである。

役職者の中には社会福祉推進員がおり，青少年の非行防止分野では，少年補導員や保護司などが町内会活動に組み込まれていることがわかる。さらに，老人福祉の関係では老人会，青少年育成の分野では子供会，青少年育成指導員などが緊密な関係を維持していることがわかる。

2．自治会・町内会に期待される役割

本項では，今後求められる自治会・町内会の役割とその重要性について考察する。

(1) 自治会・町内会の正当性

自治会・町内会はほぼ全国に存在し，また，自治会・町内会への住民の平均加入率は8割程度と推計される。そのことは，会の正式会議でなされる決定は地域住民の多数意見が反映されていることを意味している。

地域における住民組織の中で，地方自治法により法人化が認められているのは，唯一自治会・町内会だけである。地方自治法が「地縁による団体」として自治会・町内会の法人化を認める際の要件のひとつは，「その地域に住所を有するすべての個人は，構成員になることができるものとし，その相当数の者が現に構成員となっていること」である[9]。

このことは，自治会・町内会が年齢・性別・思想・信条・門地・職業などの別なく参加のための門戸が開かれた「公」の場であるということを意味している。地域社会において住民の意思を包括的かつ正当に代表する組織は，自治会・町内会が唯一のものである。こうしたことにより，自治会・町内会は正当性を持っているといえる。

この自治会・町内会の正当性は，地縁によらない志縁のNPOが持ちえない極めて重要な要素であり，自治会・町内会はこの正当性を増進する方向が期待されている。

(2) 地域社会や家庭へのポジティブな影響

島田（2003）によれば、「地域や家庭というコミュニティが崩壊したり、希薄になっていく今日、非営利組織に参加することによって人間関係の絆を回復し、コミュニティをつくり出す働きに注目しなければなら」ず、また、「企業が合理一色に傾き、それがグローバル・スタンダードとして世界に普遍しようとしていることに対し、組織は合理的であると同時に、共同的であるべしとする非営利組織からの警告は無視してはならないものを含んでいる[10]」という。

住民自治的非営利組織としての自治会・町内会は、直接的に地域社会の維持・再建という責務を担っており、それが効果的に経営されていくか否かは、21世紀の国民生活の質を左右する鍵となっている。

また、人が属する組織として社会的な最小の単位は家庭（世帯）[11]であるが、区域としての地域は家庭（世帯）を最小単位として始まり、自治会・町内会の組（班）の区域、単位自治会・町内会の区域、小学校区、連合自治会・町内会区、中学校区へと、ネットワークを結びながら徐々に拡大していく。

家族のひとりが家の外の地域社会において求められる役割を果たし、地域社会の公益と共益に貢献することは、その者の属する家庭に対しても人間的な価値意識をもたらすことになり、次世代育成の主たる孵卵器としての家庭を、主体的、自治的、民主的な活力ある家庭に変革していく可能性をもっている。

自治会・町内会などの住民自治組織において、地域住民が共益的・公益的目的に即して活動できることは、家庭と地域社会における自治の好循環に結びついていく可能性がある。

また、地域社会の構成要素たる家庭は転出または転居する場合があっても、あるいは、小学校が統廃合によりなくなることがあっても、自治会・町内会は地域社会の協働性を維持するためにその場に存続させていかなければならないことから、地域社会の中で最も基底的な組織であり、地域社会を守る最後の砦といってもよい。

(3) 営利組織へのポジティブな影響

自治会・町内会などの住民自治組織にボランティアとして参加している社会人は少なくない。依然として、役員・スタッフの多くが退職した高齢者や主婦

であるとしても，男女共同参画社会の進展，次世代育成諸施策などもあり，自治会・町内会役員にとどまらず，PTA役員，子ども会育成会役員，青少年育成指導員，消防団員なども，現役の有職者が担うこともめずらしくない。

後に考察するように，自治会・町内会などの地縁に基づく組織は地域における住民自治を担っており，住民の自治意識を涵養する機能があると同時に，主体的人材の育成機能がある。

かつて，夫＝企業社会，妻＝地域社会という役割分担があった時代もあったが，労働力不足，男女共同参画社会形成などの背景から，夫も妻も，ともに企業社会と地域社会とを生活の基盤とするようになった。

島田（2003）が指摘するように，NPOとしての住民自治組織の中で活動の機会を得ている社会人は，自身が属する企業など社会組織の中で，新たな役割を担っていくと考えられる。営利セクターからの知識・価値観・経験が地域に持ち込まれるのと同様，地域社会の非営利組織での共益的・公益的活動で得た価値観・経験・知識が営利組織に還流していくのである。

この島田（2003）の指摘に基づきながら，住民自治的非営利組織が与える営利組織へのポジティブな影響を考察すると，以下の2点が考えられる。

第1に，共同社会的な価値意識が民間企業に持ち込まれることにより民間企業のミッションやコンプライアンス（法令遵守），CSR（Corporate Social Responsibility：企業の社会的責任）が再点検されていく可能性がある。

民間企業は自社の商品・サービスの提供に際して，マーケティング活動に伴い組織の外部にある社会的価値意識を考慮せざるをえないが，同時に，組織成員が地域社会で獲得した共同社会的あるいは非経済的価値意識を組織内部に直接持ち込むからである。

例えば，自然環境保護や地球温暖化防止など，社会目的を意識した商品開発や企業活動は消費者の支持を得るための戦略たりえるが，同時に従業員の満足や組織に対するコミットメントの増進にも寄与する可能性がある。

第2に，調和的・統合的な性向，主体性をもった社員が育成されていく可能性がある。

地域社会の多様化の中で，さまざまの価値意識を持つ多くの住民の意見をまとめ相互扶助活動を継続していくことは，そこに携わる人間に調和的・統合的

な性向を涵養する可能性がある。自治会・町内会の基本的機能のひとつに社会統合の機能があり，そのための活動に参加することが参加者にそうした性向を助長する可能性がある。

また，自己解決的活動としての自治的活動を体験していくなかで，参加者には主体性や連帯性が育まれていく。ドラッカー（1991）によれば「非営利組織は人間変革機関」であるが，住民自治組織も非営利組織のひとつとして，人間変革機関にほかならない。

さらに言えば，自治会・町内会は地域社会における「自治の学校」である。誰でも入ることができ，誰も拒まない。ここで活動を経験した人間は，連帯性と利他性豊かな自己解決能力の高い自治的な人間に育つ可能性がある。

(4) ソーシャル・キャピタルの醸成

ここでは，ソーシャル・キャピタル（信頼・互酬性の規範・ネットワーク）の醸成に果たす自治会・町内会の役割について若干指摘したい。

詳しくは第3章で述べるが，端的に言えば，ソーシャル・キャピタルはNPOが果たす社会的役割・機能のプラスの側面として議論されることが多いが，自治会・町内会などの住民自治組織の方が，他のNPOよりもソーシャル・キャピタルを地域社会の中により強く育む可能性があるのである[12]。

(5) 地域住民の社会的責任感の育成

地域における共益的・公益的活動は，住民を自覚的・自治的・民主的に変革していく可能性がある。自治の観点からすれば，住民一人ひとりが自己の責任を果たしていくことは市民の社会的責任（Civil Social Responsibility；CiSR[13]）を全うすることにつながる。

地域社会が，地方自治拡充の歴史的要請に応えることができる真に自治的な社会になるためには，一人ひとりの住民が，この市民の社会的責任を自覚することが必要である。地域課題を主体的かつ最終的に解決できるのは，そこに住む一人ひとりの主権者たる住民にほかならないからである。

第3節　自治会・町内会の役割と高まる期待

1．地域の概念

　地域（region）[14]という用語は，使う主体と場によって，さまざまである。

　まず，国際機関が地域という用語を使うときは，独立国家と同等の位置付けで使われる。そして，国際オリンピック委員会が承認している「国内（地域）オリンピック委員会（NOC）」は，2015年12月現在206組織あり[15]，アジアでいえば，「ホンコン・チャイナ（HKG）」や「チャイニーズ・タイペイ（TPE）」が含まれている[16]。2012年ロンドンで開催された第30回オリンピック競技大会には204の国と地域が参加したが[17]，香港も台湾も他の独立国家と同じように参加している。

　日本政府が地域という用語を用いるのは，単一の市町村より広い区域を指す場合である。例えば，国土交通省のホームページ「用語解説ページ」によれば[18]，「地域戦略プラン」とは，「都市と地方の各地域が主体的に策定したもの」で「このプランは，複数の市町村などが広域的な連携のもとに，自らテーマを選んで，向こう5年間を視野において，関係施策間の連携が図られた総合的なプランを主体的に策定したことに特徴がある」と説明しており，ここでは，地域という用語が複数の市町村からなる広域的な区域を指している。

　また，同じく「地域連携軸」という用語の説明として，「地域の自立を促進し，活力ある地域社会を形成するため，異なる資質を有するなどの市町村など地域が，都道府県境を越えるなど広域にわたり連携することにより形成される，広域的な空間のまとまりのこと[19]」としている。

　続いて，各都道府県が地域という場合は，各々の管轄区域の一部を指している。つまり，県北地域，県南地域などである。また，時として用語の意味する範囲に混乱がみられ，県全域を地域としている場合もある[20]。

　市町村が地域という場合，同様に行政区域の一部を指している。市域を東西南北に区分けして，西部地域，南部地域と呼ぶ場合などである。

　一方，住民が地域という用語を使用するのは，自分の日常生活空間として認

知している範囲のことを指す場合である。地域スポーツ，地域活動などという場合は，市町村が使う「地域」より狭い区域を意味している。

以上のとおり，使用する主体と文脈によって地域の概念は異なっている。本研究においては，地域を単位自治会・町内会の区域から中学校区または連合自治会・町内会までの区域を指すものとして使用する。その理由は，以下に述べるとおり，住民自治の単位としての区域がおおむねその範域であるからである。

2．中川剛らによる自治の単位としての「地域」

地方自治の行われる範域について，行政学者である中川（1980）は次のように述べている。

「自治の単位が大きくなっていくと，日本人にはそれは疎遠なものとならざるをえない。欧米では論理的に，国家ですらコミュニティと考えることができた。人民の数の多少にかかわらず，そこに働く社会契約の思想は同一だからである[21]」。

従って，欧米では「論理的には，小コミュニティでおこなわれる自治と，大コミュニティでおこなわれる自治とのあいだには，質的相違はない[22]」のである。

しかし，日本においては，「地域に自治が成立するのは，基本的には人間関係の場がそこに成立しているからである。盟約によってではない。これが自治の，ことに日本における原型だろう。生活上の接触を欠いたところでは，地域の規範が自然に形成されることはない。自生的な規範なしの自治は，ありえないのである[23]」（下線は石栗）とする。

そして，その「生活上の接触の範囲」は「人間関係の成立する場としては相手が数字でなく，具体的な存在として想像できるていどの広がりに限定されてくる。人の顔が見える（と感じられる）規模である」とし，「その様な場の単位として，町内会・自治会といったものが残存し，形成されるのは自然である[24]」とする。

また、「実際に自治が考えられる規模」として「コミュニティは対面接触が可能な最大限度、けっきょく町内会の範囲に行きつくこととなる[25]」という。

このように、中川は自治会・町内会を自治の単位として極めて明確に位置づけている。同時に、「生活上の接触」、「規範」と「自治」との関係性をも指摘している。

さらに、アメリカの地方自治に詳しい前山（2004）は、アメリカで使われているコミュニティ（Community）の意味と実生活上の地域社会を示す用語ネイバーフッド（Neighborhood）について、次のように説明している[26]。

「アメリカでは・・・（中略）・・・『コミュニティ』で市全体を指す場合が多く[27]、市の各地区についてはむしろ『ネイバーフッド』と呼ぶ場合が多い。ネイバーフッドには、はっきりしたイメージがある。小中学校などを核とする人口 4,000 ないし 5,000 人から 2 万人程度のまとまりで、だいたい商店街をかかえている地区とそこに住む人々の有機的まとまりが『ネイバーフッド』ということになる。日本でいえば、中学校区に相当する程度の規模だ。」（下線は筆者）

また、湯浅（2000）も、地域社会の中では自発性・共同知・共同性の 3 つの契機が統合されているとし、「近代社会では、対面的な関係、構造的には自発性・共同知・共同性の 3 つの統合が失われてしまった」が、そこに住んでいる人々は「人間として、対面的に協力しあっていなければならない（フェイス・トゥ・フェイス＝対面性）」とする[28]。

以上のことから、自治の単位としては、対面接触が可能な規模の範域、つまり小さな区域としては自治会・町内会の区域から、小学校区を経て、大きな区域としては中学校区または連合自治会・町内会区程度がふさわしいということになる。

これらの範域の中で、住民多数からの正当な負託を得られる組織は、単位自治会・町内会と連合自治会・町内会である。

地域福祉を担う社会福祉協議会地区部会との連携や大規模災害、犯罪等にかかわる情報交換、学区内の連絡調整、執行能力などを考慮した時には、連合自

治会・町内会がより適当だが，日常的には生活の単位としては世帯により近い単位自治会・町内会がふさわしい。

3．地域における住民組織の規模と公共空間としての地域

地域にはいくつかの組織が同心円状に重なって存在している。

まず，地域住民にとって，組織としての最小単位は自分が属する世帯である。

次に，世帯を内包し世帯より一回り大きな組織が自治会・町内会の組（班）であり，それは10〜20世帯程度で構成される。

その組（班）を内包する自治会・町内会が，地域における自助・共助の重要な基盤となっている。辻中・ペッカネン・山本（2009）によれば，単位自治会・町内会の加入世帯数は，平均で228.9，中央値が107である。

また，内閣府国民生活局（2007）によれば，自治会・町内会の範囲は小学校区よりも狭いものが大半（72.3%）となっている。

この範囲は地域住民の日常的な生活圏であって，防犯，防災，親睦，地域文化の伝承，住民意思の形成・統合などの場となっている。それは，青少年育成活動などの基礎的単位区域であり，大災害・有事・テロの際には消防団分団と自主防災組織による避難行動の単位区域ともなる。

続いて，単位自治会・町内会を内包する公共的範域が学区（学校区）であり，それは小学校・中学校などの義務教育機関の就学区域のことである。また，同時に各PTAの範域でもある。

文部科学省の規定によれば，小学校における児童の通学距離の基準は4km未満，中学校における生徒のそれは6ｋｍ未満とされており，この同心円を規定するひとつの要素となっている[29]。

小・中学校は，地域住民の交流の場となっている。日本の場合，明治政府により学制が敷かれて以来国民皆教育が実施され，その拠点である小学校が，地域の知識と交流の場となってきた。湯浅（2000）の言う「共同知＝コモンズ（共同地）」である。地域住民による健民運動会が小・中学校を会場として開催されるなど，地域住民の関心の的，地域的な社会生活の心理的・物理的中心となっている。

また，9年間の義務教育の場として，小・中学校は地元の通い慣れた施設であり，人的交流，共通理念，地域住民の自己同一性を維持する要となっている。地づきの家族であれば，祖父母が通い，父母が通った学校でもある。
　さらに，小・中学校は自治体の防災計画において広域避難所等に指定されており，地域住民に身近で重要な防災拠点ともなっている。防災訓練などが行なわれる時は，地域住民が参集し，自治会・町内会単位で校庭に整列して欠員の確認をするなどし，学校を中心とした地域のまとまりを再確認・強化することになる。明治の大合併は，小学校を維持・運営できる自治体づくりを理念のひとつとしたのであった。
　つぎに大きな自治的区域は，小学校区を内包する連合自治会・町内会の区域である。一部の連合会の区域は小学校区や中学校区と重なっており，地域の文化的・歴史的・民俗的同一性意識を形成・維持する区域である。
　さらに大きい自治的範囲は中学校区であり，おやじの会や広域青少年活動推進の会など青少年の健全育成・非行防止活動の主たる範域である。昭和の大合併は，中学校を維持・運営できる自治体規模を理念のひとつとして行われたのであった。
　以上のように，中学校区までが地域住民の日常生活区域であり，また，同一の歴史性・文化性・社会性を強く認識できる範域である。それはまさに，湯浅（2000）のいう「共通の知識，経験，文化，伝統，共同知（共同地）」の範囲である。
　別な言い方をすれば，第3章で述べるバーナードの公式組織が成立するための要素のひとつである伝達（コミュニケーション）の機能を，日常的なクチコミによって実現できる範域といっても良いかもしれない。住民自治的非営利組織がバーナードの言う公式組織たりえるためには，伝達（コミュニケーション）可能な範囲が制約条件となるのである。それは，具体的には子どもや高齢者といった身体的に強靭でない者が徒歩によって移動・交流可能な範囲になると考えられるのである。
　あるいは，湯浅（2000）が指摘する「フェイス・トゥ・フェイス＝対面性」の範囲という制約に基づくものであろう。
　それは，また，義務教育の場としての小・中学校が育んできた地元意識でも

ある。子や孫の入学式・卒業式において，少なくない保護者や高齢の地域来賓が一緒に校歌を斉唱でき，また，運動会や文化祭などを通じて，地域の人々が相互にふれあい，お互いの顔の見える範囲（フェイス・トゥ・フェイス）として認められる区域である。ここまでが住民にとっての地域である。

　高校に入ると，この区域の外に出ることになり，15年間を過ごした地域の文化・習慣と新たな高校で出会う異なる文化・習慣とのギャップにとまどう子どもたちも少なくない。

　このように，地域における自治的・共益的な区域と組織は，世帯から始まり中学校区まで，同心円的な多層構造になっている。この多層な組織が，相互に関わりあいながら，地域住民の生活と社会的活動を担保し育てている。

　こうした地域で行なわれる身近な共益的活動の姿を小さな公共ということができるならば，地域住民の共益的活動は，より大きな公共空間へ向けて外へ外へと重なりつつ広がっているように見える（図表1-2参照）。

　自治会・町内会の組（班）による夏のドブさらいも，自助的・共益的活動に見えるが，親睦目的だけではなく，近隣の，ひいては全市域の衛生環境の改善という公益的性格を持つものである。このように，地域は，共益的活動と小さな公共的活動の混ざり合う場，いわば「共益と公益の汽水域[30]」となっている。

　小林正弥は，アソシエーションは「より大きな公共的な時空間から見た場合には，特殊的なものに陥ってしまう危険性も存在する」としつつも「公共的なものを涵養する機能を持ち得る」と指摘している[31]。

　また，福田歓一は，「アソシエーションというものの二面性を本当によく見ていなければならない。それから官憲の下に社団を作って，それが全部アソシエーションで，ついに町内会に至っているという日本の現状を頭に置いて組織の問題を考えなければならない[32]」と注意を促しつつも，自治会・町内会について「公的な性格を持っている」ことを認めている[33]。

　ふたりの指摘は「公」と「私」の相対性の問題と関連している。ある段階の「公共性」も，さらに大きな「公共的な時空間から見」ると私的であることがあるということである。

　私益・共益・公益の区分は極めて相対的なもので，個人・地域社会・自治体社会の間に私益・共益・公益の関係が仮に成り立つとしても，異なる視点から

図表 1-2　私益，共益，公益の包含関係

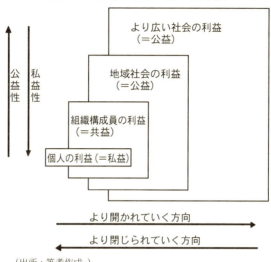

(出所：筆者作成。)

見たとき，地域社会・自治体社会・国家社会との間が私益・共益・公益の関係に見える場合もあり得る。

　国家社会と国際社会との関係においても私益（国家利益）と公益（世界全体の利益）の関係に見えることがあることは，経済問題や領土問題に関わる国際情勢がよく伝えるところである。

　先に佐々木・金（2001）が示したように，公私は固定的に規定されるものではなく，私益，共益，公益も固定的にとらえられるべきものではない。地域組織やひとりひとりの住民の活動の中にも，私益的側面と同時に共益的側面や公益的側面がありえるということである。

　住民自治組織の経営にあたっては，自らの意思決定や活動がより大きな公共的時空間との関係で公共性を損なっていないか，自己評価する必要があるのである。

おわりに

　以上，本章において見てきたとおり，自治会・町内会はわが国最大規模の民間非営利組織であり，その数 30 万団体に及ぶ。大多数の国民の日々の生活が

その下で行われており，自治会・町内会が効果的に経営されているかどうかは国民の生活の質を直接左右する。日常においてもそうであるが，非日常的な事態が起きた場合はなおさらそうである。

歴史的には，古くは室町時代の頃から地域の安心・安全の維持を主目的に作られ，長い歴史を経てきた現在もなお，地域の最大の関心は引き続き安心・安全の問題である。

自治会・町内会は，地域社会の諸課題を住民自身が自治的に解決するための組織であり，非営利組織でもあることから，住民自治的非営利組織として位置づけることができる。

21世紀に入り，地方分権・地方自治の強化の流れの中で解決すべき地域課題と実現すべきニーズが増えている。この期待に応えるためには，自治会・町内会の経営を改善しその本来の機能を効果的に発揮させることが求められる。

特に，2010年にNHKテレビで特集され，大きな衝撃を与えた「無縁社会」を変革していくためには，人間的「絆」の再生の場としての地域社会において，地域住民であれば誰も排除しない（できない）自治会・町内会に期待される役割は大きい。

さらに，非常時・大規模災害時における自治会・町内会の役割が，復興過程も含め，改めて注目を浴びている。

21世紀に入ってから，団体自治を担う市区町村が財政難の中で事務事業の執行に苦慮しているなか，地域の自治を担う最後の砦は住民自身による自治的組織しかありえず，その中心的組織が自治会・町内会である。

本研究は，わが国における最大の民間非営利組織たる自治会・町内会について，組織的存亡の危機を回避し本来機能と現代的使命を効果的に発揮させるため，経営学各論を適用しその経営改善策を考察しようとするものである。

注
1　岩崎（1989, pp. 100-110）。
2　久世（2000, p. 27）。
3　菊池美代志「町内会・自治会のこれまで，これから」あしたの日本を創る協会『まち・むら』66号，1999年，pp. 44-46。
4　この点については，GHQによる解散命令にもかかわらず，現実の地域社会の中では，名称を変えて，引き続きその機能を存続させていたという見解がある（中川 1980, p. 37）。そのため，解

散命令の解除後，速やかに再結成できたとする。
5 　自治会・町内会を前近代的組織，政府の末端行政機構と非難する研究者もいるが，歴史的な一面を強調しすぎる嫌いがあり，本質的機能・役割についての冷静な評価とは言えない。
6 　岩崎（1989, p. 418）。
7 　岩崎（1989, pp. 419-421）。
8 　1993〜94 年（平成 5〜6 年），筆者は，この大木根町内会の書記と会計を担任した。
9 　地方自治法第 260 条の 2 では，「町または字の区域その他市町村内の一定の区域に住所を有する者の地縁に基づいて形成された団体」を「地縁による団体」とし，法人格取得のための認可の要件として，以下 4 項目を挙げている。
　「1 　その区域の住民相互の連絡，環境の整備，集会施設の維持管理など良好な地域社会の維持及び形成に資する地域的な共同活動を行なうことを目的とし，現にその活動を行なっていると認められること。
　2 　その区域が，住民にとって客観的に明らかなものとして定められていること。
　3 　その区域に住所を有するすべての個人は，構成員となることができるものとし，その相当数の者が現に構成員となっていること。
　4 　規約を定めていること。」
　3 項後段の「その相当数」とは，過半数であると解釈されている。
10 　島田（2003, pp. 187-188）。
11 　世帯は居住と生計を同一にする住民の単位であり，自治体との関係では，受益と負担の単位ともなる。
12 　まちづくりと「ソーシャル・キャピタル」（信頼・互酬性の規範・ネットワーク：石栗注）の関係について言えば，阪神淡路大震災（1995 年）の震災 10 年目にあたり，復興の総仕上げとして，神戸市復興・活性化推進懇話会から神戸市長に提出された『平成 15 年度「復興の総括・検証」報告書の概要』が示唆に富んでいる。それによれば，「震災の教訓」は次の 3 点であった。
① 震災で自然の厳しさをあらためて知った。自然災害はいつか必ず起こる。
② 地域コミュニティが命（いのち）を守る。まずは，身近なところから始める。
③ 日頃からやっていないことはできない。日頃からまちづくり活動を進める。
　また，「復興過程の教訓」は，次の 5 点であった。
① 時間の経過の中で，「復興」が意味するものは変わる。
②「復興」は分野を相互に関連させながら柔軟に取り組まなければならない。
③ 自律した個々の取り組みが，まちをつくる。
④ 日頃からの協働と参画が，まちづくりを進化させる。
⑤「復興」とは，新しいシステムに挑戦していくことである。
　そして，「これからの神戸づくりの方向性」としては，「震災と復興過程の教訓として出された，『ソーシャル・キャピタル』の醸成による『協働と参画のまちづくり』をその基本姿勢と」すべきであるとしている（神戸市復興・活性化推進懇話会 2004）。
13 　同じ CSR であるが，企業の社会的責任（Corporate Social Responsibility）を CoSR と表記し，市民の社会的責任（Civil または Citizen's Social Responsibility）を CiSR と表記すれば，両者を区別して表記することができる。
14 　広辞苑には，次のように書かれている。
　地域＝土地の区域，区画された土地。
　地域社会＝一定の社会的特徴をもった地域的範囲の上に成立している生活共同体。
　（新村出編，「広辞苑第二版補訂版」岩波書店，1976 年）
15 　日本オリンピック委員会ホームページ（http://www.joc.or.jp/games/olympic/code/, 2016/

2/11)。
16　日本オリンピック委員会公式ホームページの「国際オリンピック委員会承認国内(地域)オリンピック委員会 (NOC)」リストによる。(http://www.joc.or.jp/olympic/code/asia.html, 2016/2/11)。
17　東京オリンピック・パラリンピック競技大会組織委員会ホームページ (https://tokyo2020.jp/jp/olympics/, 2014/5/4)。
18　国土交通省ホームページ (http://www.mlit.go.jp/yougo/j-t1.html, 2008/7/15)。
19　同上。ただし,第27次地方制度調査会がいう「地域自治組織」の地域とは,現行の合併前の市町村の区域を指していることに注意を要する。
20　福島県の基本計画の中で地域を県域としている例:
①【人と地域を支える基盤】
〔"うつくしま,ふくしま。"県民運動の推進〕
〈県民一丸となった運動の推進〉
「美しいふくしまの創造をめざして,美しい心を育みながら,美しい自然や景観を守り,美しい街並みを形成し,さらに優れた歴史や伝統文化を保存・継承しながら,本県を世界にも誇れる本当に住みよい地域とするため,県民みんなで考え,みんなで行動しようとする"うつくしま,ふくしま。"県民運動を推進します。」(下線は筆者)
②【新しい時代にふさわしい創造的で活力ある産業が展開する"ふくしま"】
〔活力ある農林水産業の持続的発展のために〕
〈豊かで魅力有る農業の振興〉
「本県の地域特性を生かして,農業生産力の十分な発揮と持続的な発展のため,担い手の育成・確保と経営感覚に優れた農業者の育成,収益性の高い農業生産及び消費者ニーズに合った農畜産物の供給などの効果的な実施に努めるとともに,安全・安心な農産物に対する消費者ニーズへの対応など,農業を巡る社会経済情勢の変化やニーズの変化を的確に捉えながら事業の展開を検討する必要がある。」(下線は筆者)
21　中川 (1980, p. 92)。
22　中川 (1980, p. 92)。
23　中川 (1980, p. 93)。
24　中川 (1980, p. 94)。
25　中川 (1980, p. 192)。
26　前山 (2004, p. 65)。
27　横須賀市の都市像「国際海の手文化都市」の米国人ネイティブのチェックを受けた正式な英語訳も,"International Seaside Community"である。
28　湯浅 (2000, p. 3)。
29　文部科学省の「学校基本調査 (指定統計第13号)」では,「遠距離通学者　通常の経路による通学距離が,通学の手段を問わず小学校で4キロメートル以上,中学校で6キロメートル以上の児童及び生徒をいう。なお,通学に船舶を利用している者は,通学距離にかかわらずすべて含まれる。」としている。
30　汽水域とは,例えば淡水と海水の入り混じる水域のことを言い,そこには淡水単独・海水単独の水域よりも豊かな生態系が存在し,古代,生命が海から陸に上がったのもこの汽水域からだとされる。「共益と公益の汽水域」という表現は,石栗が考案したもの。
31　佐々木・金 (2001, p. 32)。
32　佐々木・金 (2001, p. 35)。
33　佐々木・金 (2001, p. 30)。

【参考文献】

Drucker, Peter F.（1990）*Managing the Non-Profit Organization: Practices and Principles*, HarperColins Publishers（上田惇生・田代正美訳『非営利組織の経営―原理と実践―』ダイヤモンド社，1991 年）

岩崎信彦（1989）「地域生活と町内会」岩崎信彦・上田惟一・広原盛明・鰺坂学・高木正朗・吉原直樹（1989）『町内会の研究』御茶の水書房，pp. 405-438。

菊池美代志（1999）「町内会・自治会のこれまで，これから」あしたの日本を創る協会『まちむら』66 号，1999 年 3 月，pp. 44-46。

久世公堯（2000）『地方自治制度（第五次改訂版）』学陽書房。

神戸市復興・活性化推進懇話会（2004）「平成 15 年度「復興の総括・検証」報告書の概要」神戸都市問題研究所『季刊 都市政策 第 115 号』勁草書房，2004 年 4 月 1 日。

国土交通省ホームページ（http://www.mlit.go.jp/yougo/j-t1.html, 2008/7/15)。

佐々木毅・金泰昌（2001）『公と私の社会科学 公共哲学 2 』東京大学出版会。

島田恒（2003）『非営利組織研究 その本質と管理』文眞堂。

総務省統計局・統計研修所（2003）『日本の統計 2003 年版』財務省印刷局。

辻中豊・ロバート・ペッカネン・山本英弘（2009）『現代日本の自治会・町内会―第 1 回全国調査にみる自治力・ネットワーク・ガバナンス―』木鐸社。

東京オリンピック・パラリンピック競技大会組織委員会ホームページ（https://tokyo2020.jp/jp/olympics/, 2014/5/4）。

内閣府国民生活局（2007）「平成 18 年度国民生活モニター調査結果（概要）（町内会・自治会等の地域のつながりに関する調査）」2007 年 8 月 24 日（http://www5.cao.go.jp/seikatsu/monitor/chiikitsunagaricyousa070824.pdf, 2008/11/29)。

中川剛（1980）『町内会』中央公論社。

日本オリンピック委員会ホームページ（http://www.joc.or.jp/games/olympic/code/, 2014/5/4）。

新村出（1976）「広辞苑第二版補訂版」岩波書店。

前山総一郎（2004）『アメリカのコミュニティ自治』南窓社。

湯浅赳夫（2000）『コミュニティと文明―自発性・共同知・共同性の統合の論理』新評論。

第 2 章

各調査からわかる自治会・町内会の実状

はじめに

　本章では，自治会・町内会に関しておおむね2000年以降に実施された各種調査に基づいて，自治会・町内会の現状を示す。

　こうした調査は，政府が自治体に対して所管区域内の組織の実態を照会した調査，自治体等が自治会・町内会に対して直接行った調査，自治体が住民に対して行った自治会・町内会に関する意識調査などに分類できるが，本章では，自治会・町内会の実状理解の一助とするためそれぞれを参照する。

第1節　組織規模と全体像

1．組織数と加入率の低下

　全国の自治会・町内会の数については，総務省（2014）によれば，2013年時点で298,700団体とされる。

　しかし，その数の推移については，辻中・ペッカネン・山本（2009，p. 44）も参考にすれば，第2次世界大戦前から一貫して増加したものの，1992年の298,488団体以降30万をやや下回る数で推移している。

　非営利組織の数について，わが国のNPOに関する比較研究である山内・田中・奥山（2010，p. 13）によれば，法人格を取得しているNPOのうち最大規模は宗教法人（182,709個，統計年2007年）であるが，自治会・町内会の数はその1.5倍を超える。

　加入率については，内閣府国民生活局（2007）によれば，国民の8割以上が加入していると推計される[1]。

しかし，他方，加入率が著しく低い組織もあり，加入率が50%未満の低加入率組織は全体で2.2%あるとする指摘もある[2]。

また，都道府県別にも加入率に高低差があり，さらに同じ都道府県内においても地域的に加入率に差がみられ，辻中・ペッカネン・山本（2009，p. 84）では，全自治会・町内会を4類型（都市・新型，都市・旧型，非都市・新型，村落型）に区分し，前2者の加入率100%の組織の割合が31.4%と30.3%であるのに対して，後2者のそれが55.3%と63.0%であるとしている。

さらに，東京市町村自治調査会（2005，p. 70）によれば，東京都多摩地域の30市町村について，その加入率は町村部では70.0%（瑞穂町）～100%（檜原村）となっているものの，市部では35.5%（清瀬市）～67.7%（八王子市）であり，加入率不明の4市を除き，22市中9市（40.9%）が加入率50%を割り込んでいる。また，全体として，区部（東京都23区）に近づくほど（東に位置するほど）加入率が低くなっていることがわかる。

一方，加入率の経年変化についていえば，その低下傾向が認められる。

例えば，横浜市（2004）と横浜市（2015）によれば，横浜市の全自治会・町内会について，1981年以降加入世帯数は増加しているものの，加入率は93.0%から75.5%（2015年）まで一貫して低下した。つまり，横浜市の加入率は34年間で17.5ポイント下がったことになる。

また，東京都市長会（2008）によれば，東京都多摩地区の26市の平均加入率は，2004年の55.94%から2007年の54.18%に下がった。加入率の低下は地方都市においても同様と推定される。例えば，東北都市社会学研究会（2006）によれば，仙台市の全自治会・町内会について1995年と2005年を比較したところ，全組織に占める「全戸加入」組織の割合が48.7%から34.8%に大幅に低下している[3]。

また，自治体側が憂慮する自治会・町内会の課題の第1は，加入率の低下である[4]。

2．組織の規模と範域

辻中・ペッカネン・山本（2009）によれば，単位自治会・町内会の加入世帯規模は，平均値で228.9世帯，中央値で107世帯である。20世帯毎の分布をみ

ると，20〜39世帯の組織が 12.4％ともっとも多く，全体の 47.3％が 100 世帯未満である。200 世帯未満の割合が 69％であり，300 世帯未満が 79.4％である[5]。

自治会・町内会の範域については，内閣府国民生活局（2007）によれば，小学校区より狭いものが 72.3％，小学校区と同じものが 14.6％，小学校区より広いものが 5.3％であった。

3．設立時期

自治会・町内会の設立時期については，辻中・ペッカネン・山本（2009）によれば，「わからない」ものが全体の 42.6％あるものの，「戦前」11.2％のほか，1946 年以降 10 年毎にみると，「1955 年まで」11.8％，「1965 年まで」8.6％，「1975 年まで」10.0％，「1985 年まで」7.0％と推移した後設立数は鈍化し，「1995 年まで」4.1％，「1996 年以降」4.8％である[6]。高度経済成長期を含む昭和年代の設立が多く，それ頃以降は，経済の低迷や少子化[7]を背景にしてか，設立が少ないことがわかる。

4．法人格

法人格を取得している自治会・町内会は，一部に過ぎない。総務省行政評価局（2012）によれば，地方自治法に基づく認可地縁団体は，2008 年現在 35,564 団体（294,359 団体の内の 12.1％）であった。この数が少ないのは，地方自治法に基づいて認可を受けることができる団体が不動産をもつ団体に限られることなどによる。

第 2 節　内部構造と財政規模

1．会長・役員と後継者難

組織構造の詳細については第 5 章で検討するものの，ここでは，会長と役員について素描し，自治会・町内会にとって後継者難が最大の課題のひとつであることを確認する[8]。

会長は，辻中・ペッカネン・山本（2009）によれば，全体の 97.0％が男性で

あり，その年齢は，70代以上が30.9%，50～60代が48.6%，50代未満が20.5%である[9]。

その会長の年齢は高齢化傾向にある。東北都市社会学研究会（2006）によれば，1995年には，70歳以上が39.2%，60歳代45.1%だったが，2005年には，70歳以上が56.4%，60歳代29.3%となっており，会長が高齢化していることがわかる。

会長を含む役員の職業については，辻中・ペッカネン・山本（2009）によれば，無職（退職者）が多い[10]。自治会長・町内会長の多くは，退職した男性高齢者であるといえる。

ここで，会長等役員の後継者難（役員のなり手不足）について確認しよう。

東京都市町村自治調査会（2005）によれば，地元自治体が考える自治会・町内会の組織上の第1の課題は活動従事者の高齢化と担い手不足である[11]。自治会・町内会は，新たな担い手不足に伴う活動メンバーの高齢化や固定化などに直面しており，これは，端的には後継者難として表れる。

また，自治会・町内会にとって，後継人材の獲得は組織運営上の最重要課題である。例えば，三重県身近なまちづくりサポート会議（2005）によれば，自治会長・町内会長の考える運営上の第1の課題は「役職者のなり手がない」(64%)ことであるし，また，横浜市（2004）でも自治会長・町内会長が運営面で困っていることの第1は「役員のなり手がない」(57.6%，複数回答)ことである。

2．財政規模

財政規模について，辻中・ペッカネン・山本（2009）によれば，平均値は231.5万円であり，中央値は135万円である。1世帯に換算すると1万円程度の財政規模となる。

調査年が若干異なるものの，平均値231.5万円に総数294,359団体を乗じると，全国の自治会・町内会の財政規模は，6,814億円ほどと推計できる。

また，この財政規模は現金収支のみの推計であり，自治会・町内会が保有する現金以外の資産を考慮していない点に注意を要する。

収支内訳については，1例として横浜市（2004）によれば，横浜市の全自治

会・町内会の2002年度決算は以下のとおりであった。

全収入額の28.6%が前年度繰越金であり，28.5%が会費，22.5%が横浜市が支出する地域振興協力費で，事業収入は6.5%に過ぎない。寄付金・祝い金・その他が13.9%である。

一方，全支出額の46.0%がレクリエーション費などの事業費で，18.3%が分担費を含む事務費，6.6%が会館関連支出，0.8%が防犯灯管理費と続き，残りの28.3%が次年度繰越金であった。

第3節　活動内容

自治会・町内会の活動内容例について，横浜市の例を紹介しよう。

図表 2-1　活動状況と今後の意向

活動分野	現在実施している		力を入れていきたい		縮小・廃止したい	
	団体数	割合(%)	団体数	割合(%)	団体数	割合(%)
回覧板などによる情報の共有	2,484	96.8	106	4.1	15	0.6
福利厚生	2,140	83.4	230	9.0	102	4.0
防犯活動	2,120	82.7	410	16.0	34	1.3
お祭り・イベントの開催	2,086	81.3	361	14.1	77	3.0
街の美化事業	2,047	79.8	434	16.9	27	1.1
防火・防犯活動	1,910	74.5	736	28.7	11	0.4
3R夢行動（ごみの減量・再資源化）	1,858	72.4	619	24.1	17	0.7
会員の健康づくり・スポーツ・レクリエーション活動	1,625	63.4	648	25.3	80	3.1
福祉事業	1,457	56.8	872	34.0	49	1.9
交通安全活動	1,342	52.3	798	31.1	59	2.3
仲間づくりを目的とした事業	1,217	47.4	859	33.5	97	3.8
子育て支援	718	28.0	1,084	42.3	107	4.2
温暖化対策	571	22.3	1,226	47.8	96	3.7
その他	30	1.2	17	0.7	0	0.0

（出所：横浜市市民局市民協働推進部地域活動推進課「平成24年度　横浜市自治会町内会・地区連合町内会アンケート調査報告書」（平成25年1月）8頁「活動状況と今後の意向」を一部修正。）

横浜市（2013）によれば，各組織が現在実施している活動のうちその実施率が50％％以上のものは，「回覧板などによる情報の共有」（96.8％）以下，「福利厚生」（83.4％），「防犯活動」（82.7％），「お祭り・イベントの開催」（81.3％），「街の美化事業」（79.8％），「防火防災活動」（74.5％），「3R夢行動（ごみの減量・再資源化）」（72.4％），「会員の健康づくり・スポーツ・レクリエーション活動」（63.4％），「福祉事業」（56.8％），「交通安全活動」（52.3％）まで，きわめて多岐にわたっている。

　そして，今後「力を入れていきたい」活動分野のベスト3は，「温暖化対策」（47.8％），「子育て支援」（42.3％），「福祉事業」（34.0％）であり，これらは，「現在実施している事業」としては下位に属する活動分野であり，現在できていないことを課題として受け止めている。別な言い方をすれば，自団体の実施事業と社会的ニーズにずれがあることを認識している団体が少なくないことがわかる[12]。

第4節　住民の意識

　自治会・町内会をどのように考えているか直接地域住民に聞いた調査は少ないため，やや古いものの滋賀県広報課（1998）が参考になるので引用する。この調査[13]により明らかになったことは，おおむね以下のとおりである。

　まず，地域に対する愛着度について，回答者が「愛着を感じている」地域として割合が最も多かったのは「市町村」で，74.8％を占めている。つづいて「自治会（町内会）」が66.4％，「郡域や近隣市町村を含む地域」が66.2％，「小学校区」62.8％の順で続き，いずれも「愛着を感じていない」人を大きく上回っている。

　つぎに，会の活動への参加状況については，「積極的に参加して，世話役など中心的役割を果たしている」が7.2％と少ないものの，「会合や行事のあるごとに，参加している（21.1％）」と「毎回ではないが，よく参加している（23.4％）」を加えた「よく参加している」が51.7％であり，これに「たまに参加している程度（24.1％）」を加えると，「参加している」は75.8％となり，県民の4

分の3になる。一方,「加入しているだけで,ほとんど参加していない」は13.9%,「自治会はあるが,加入していない」が6.1%,「自治会はない」との回答が1.7%あった。

また,参加状況のうち,「積極的に参加して,世話役など中心的役割を果たしている」が,前回調査(1990年度)より6ポイント減少している。また,「よく参加している」の合計は10ポイント減少している。さらに,「たまに参加している程度」が3ポイント増加し,「自治会はあるが,加入していない」と「自治会はない」の合計が4ポイント増加している。このことから,経年的にみれば自治会への住民の参加率は低下しているといえる。

居住地の自治会・町内会活動が活発かどうかについては,図表2-2のとおりである。「以前から活発である(16.6%)」と「年々活発になっている(21.4%)」とを合計した「活発である・活発になっている」が38.0%あり,「以前から不活発である(5.6%)」と「年々不活発になっている(17.5%)」の合計の「不活発である・不活発になっている」の23.2%より多かった。

図表2-2 活発さについて

区分	割合	
1 以前から活発である	16.6%	38.0%
2 年々活発になっている	21.4%	
3 どちらともいえない	34.8%	
4 年々不活発になっている	17.5%	23.2%
5 以前から不活発である	5.6%	
6 その他・無回答	4.1%	

(小数点以下第2位の端数処理により,合計が合わない場合がある。)
(出所:滋賀県広報課(1998)により筆者が作成。)

さらに,活発な理由について,「以前から活発である」と「年々活発になっている」との両回答者に聞いたところ,「集会所,広場など活動の基盤が整備されている」が47.8%で最も多く,次いで「リーダーがいる」が44.2%,「住民の関心が高い」が40.4%で続いており,以下,「規約の制定など,自治会が民主的に運営されている(34.2%)」,「住民の結束力が強い(33.0%)」の順となっている。最初の理由は自治会・町内会の物的・施設的側面のことである

が，2つ目以降の理由は，自治会・町内会の人的側面に関することである。

ところで，自治会・町内会の必要性に対する県民の意識は，図表2-3のとおりである。「自分たちの地域をよくしていくために基本となる自治組織として，自治会は必要なものである」と回答した者は39.4％あり，これと「地域でお互いに助け合って生活するうえで，自治会はなくてはならないものである」と回答した者（21.4％）とを合計すると，積極的に必要性を支持した者は60.8％となる。

図表2-3　自治会・町内会の必要性に対する滋賀県民の意識

区分	割合		
1　地域でお互いに助け合って生活するうえで，自治会はなくてはならないものである	21.4％	積極的な「必要性あり」。60.8％	消極的支持も含めた「必要性あり」。84.3％
2　自分たちの地域をよくしていくために基本となる自治組織として，自治会は必要なものである	39.4％		
3　自治会は必要であるが，わずらわしいことが多い	23.6％		
4　自治会がなくても生活上支障はないので，必要なものとは思わない	4.7％		
5　いろいろな活動へ強制的に参加させられたり，つきあいがわずらわしいので，自治会はないほうがよい	2.3％		
6　その他・無回答	8.6％		

（小数点以下第2位の端数処理により，合計が合わない場合がある。）
（出所：滋賀県広報課（1998）により筆者作成。）

さらに「自治会は必要であるが，わずらわしいことが多い」と回答した消極的な支持（23.6％）を加えると，自治会・町内会は必要であるとした者の合計は84.3％となる。

また，「自治会がなくても生活上支障はないので，必要なものとは思わない」が4.7％，「いろいろな活動へ強制的に参加させられたり，つきあいがわずらわしいので，自治会はないほうがよい」と必要性を否定した者は2.3％にとどまった。

ここで，消極的支持も含めた必要性について前回の1990年度調査と比較す

ると，全体としては9ポイント増加している。しかし，内訳をみると，前項1番目の「必要なものである」は5ポイント減少し，2番目の「なくてはならないものである」は15ポイント減少し，逆に，3番目の「わずらわしいことが多い」は11ポイント増加しており，積極的支持の減少と消極的支持の増加が確認できる。

　自主的・社会的な活動へ参加したきっかけについては，「職場や学校，地域の行事の一環として参加した」と答えた者が46.6％で最も多く，次いで「何か社会の役にたちたいから」と「自分の住む地域は自分で住みやすくしたいと感じたから」が，ともに25.6％であった。

　また，自主的・社会的な活動への不参加の理由は，「自分の自由になる時間がない」が33.5％で最も多く，次いで「きっかけがない」が28.5％であった。

　以上のとおり，滋賀県広報課（1998）によれば，自治会・町内会の必要性について84.3％の住民が「必要である」と答えているものの，1990年調査と比較すると9ポイント低下している。また，自治会・町内会活動への参加率は51.7％が「よく参加している」と回答しているものの，その率は低下している。

　地域活動が活発な理由として，第1に「集会所，広場など活動の基盤が整備されている」が挙げられ，続いて「リーダーがいる」ためとされる。

　さらに，活発な理由として「住民の結束力が強い」というのは，地域社会内における信頼や互酬性の規範，ネットワークといったソーシャル・キャピタルが豊かであることを指摘していると理解できる。

　消極的な支持を含め自治会・町内会が必要だとする数字（84.3％）は，全国的な自治会・町内会加入率の推計値に近い。一方，必要性を否定している者が7％いることは，自治会・町内会の未加入者について，単に加入の働きかけが弱いといったことではなく，会の目的や活動の意義，実際の成果などについて，説得的に示していく必要性を示唆している。

　また，ボランティア活動などの参加のきっかけについて，「職場や学校，地域の行事の一環として参加した」と答えた人が46.6％で最も多いが，これは「巻き込まれ型の参加」[14]の意義を暗示している。

第5節　組織の弱体化と運営上の課題

1．自治会・町内会の概要

　自治会・町内会の実状についてまとめると，概略以下のとおりである。

　まず，自治会・町内会の設立時期については，第2次世界大戦前に作られたものは一部であり，大半が戦後に作られたものである。そして，常に，作られ続けており，その総数は約30万団体である。

　自治会・町内会の単位組織の世帯数については，ほとんど（79.4％）が300世帯未満であり，その範域は大半（72.3％）が小学校区より小さい。

　また，自治会・町内会の加入率については，国民の8割以上が加入していると推計される。

　一方，活動内容については，広範囲な事業を展開しており，新しい課題としては，温暖化対策や子育て支援，福祉事業などを求める声がある。

　また，財政状況について，収入は会費と前年度繰越金の割合が高く，事業収入が乏しい。支出内容についての詳細は不明である。ただし，横浜市の例によれば，事業費が46％，次年度繰越金28.3％，事務費18.3％などとなっている。

　会長については，ほとんどが男性であり，その年齢は60歳代以降が大半で，退職・無職者が多い。

2．組織の弱体化と運営上の課題

　前節までに確認した事実にたてば，以下の諸点が指摘できよう。

　まず，自治会・町内会の全体数についていえば，1992年の298,488団体をピークにその数が30万団体未満で推移しているということは，結成される団体がある一方で，解散・消滅している団体のあることが推定される。わが国の少子化が1974年から始まり，人口減少が2005年から始まったとされる（河野2007，p. i）が，自治会・町内会の総数もバブル経済の崩壊とともに減少局面に入ったといえる。21世紀が人口減少との戦いの世紀であるように，自治会・町内会にとっても，21世紀は消滅との戦いの世紀なのである。

また，数という量的側面に加えて，存続している組織にとっては，加入率という質的側面でも重要な局面にある。経年データに基づけば，加入率は全体的に低下傾向にある。都市部やその近郊地域の一部では加入率が50％を割っている組織も少なくない。自治会・町内会にとって，加入率低下は住民による自治組織としての正当性を弱める極めて重大な危機である。

さらに，会長自身が高齢化していることに加え，後継者難（会長・役員のなり手不足）が組織としての最重要課題になっている。会長自身が高齢化しているにもかかわらず後継者がいないということは，組織として存亡の危機にあるということである。

おわりに

本章では自治会・町内会に関しておおむね2000年以降に実施された各種調査に基づいて，自治会・町内会の実状を確認した。

自治会・町内会は，現在のわが国において，安全・安心をはじめ国民生活の様々な面にかかわり重要な役割を果たしている。積極的あるいは消極的に，多くの国民がその必要性を認めており，その新たな活動展開が期待されている。

しかし，本章でみたように，全体としての自治会・町内会は，一方では結成されつつ他方では解散・消滅を続けている。

自治会・町内会が抱える最重要課題は後継者難と加入率低下であり，量的にも質的にも存亡の危機に直面しつつあるといえる。

注

1 この調査（「平成18年度国民生活モニター調査結果（概要）（町内会・自治会等の地域のつながりに関する調査）」2007年1月～2月調査）では，居住地域に自治会・町内会があると回答したものが93.6％あり，そのうち「加入している」と回答したものが94.1％であった。

この調査は，内閣府国民生活局総務課調査室が，「『町内会・自治会』の活動をはじめ地域のつながりの現状とそれに対する住民の意識について，様々な角度から把握し，また分析することで，今後の施策展開の基礎資料として活用する」ことを目的として，平成19年1月19日から2月1日にかけて行ったものである。

調査対象者は，全国の国民生活モニター2,000人であり，うち1,350人は郵送調査法により，また他の650人はインターネットを利用した電子モニター方式により実施し，有効回収率は91.7％（それぞれ96.1％と82.5％）であった。回答者の属性としては，男性23.2％に対し女性76.5％（無回答0.3％）と，女性が圧倒的に多い。また，回答者の職業は，専業の主婦・主夫が35.2％で一番多く，次いで正社員以外の被雇用者24.5％，正社員18.0％である。年齢は，40代が27.3％とやや

多いものの，30代から60代までは20%前後で大きな差はない。他方，20代は4.6%，70歳以上は8.0%と，低年齢層と高年齢層が低くなっている。
2　辻中・ペッカネン・山本（2009, p.203）。
3　一方，「90%以上加入」が29.6%から37.1%に，「70〜90%加入」が16.0%から21.0%に，また「50〜70%加入」が2.6%から4.6%にそれぞれ増加しているものの，加入対象世帯数と加入世帯数の実数の推移はわからない。
4　東京市町村自治調査会（2005, p. 76）。
5　辻中・ペッカネン・山本（2009, pp. 48-53）。
6　辻中・ペッカネン・山本（2009, pp. 45-48）。
7　河野（2007, p. i）によれば，わが国の少子化現象は1974年から一貫して続いている。
8　ただし，自治会・町内会を，公団自治会と他の一般自治会・町内会と分けた場合の違いについて，興味深い調査研究がある。あしたの日本を創る協会（2000）によれば，例えば，役員の性別については，公団自治会を除く他の自治会・町内会が「ほとんど男性（42.0%）」か「やや男性が多い（30.4%）」というように72.4%が男性中心であるのに比し，公団自治会が「ほとんど女性（22.0%）」か「やや女性が多い（33.0%）」というように，55%が女性中心の組織であることを明らかにしている。また，役員の年齢についても，公団自治会は50〜60代（46.8%）が最も多く，他の自治会・町内会は60代以上（42.7%）が最も多いなどの相違がある。

　さらに，役員の職業についても，公団自治会は専業主婦が最も多く，他の自治会・町内会は退職者が最も多いなどの相違があることを明らかにしている（あしたの日本を創る協会2000, p. 35）。

　この調査は，あしたの日本を創る協会が総理府の委託を受けて，高齢者支援に関する研究会（座長・高橋勇悦大妻女子大学教授）を設け，2000年8月，全国各地の自治会・町内会がどのような高齢者支援やボランティア活動などを行っているか現状を把握し，高齢者支援やコミュニティの再構築の方策を探ることを目的に，全国の737団体に郵送法により調査票を送付し，446団体から回答（回収率60.5%）を得，まとめたものである。この調査は，公団自治会と他の一般自治会・町内会とを区分して集計し，比較している点が興味深い。
9　辻中・ペッカネン・山本（2009, p. 73）。
10　辻中・ペッカネン・山本（2009, p. 77）。
11　東京都市町村自治調査会（2005, p. 76）。
12　一方，「縮小・廃止したい」活動分野のベスト3が，「子育て支援」（4.2%），「福利厚生」（4.0%），「仲間づくりを目的とした事業」（3.8%）であり，前記「力を入れていきたい」活動分野の上位に挙げられているものに重なる点は，一部の十分に取り組んだ団体やニーズの低下した地域の団体の可能性があるものの詳細は不明である。
13　この「第31回滋賀県県政世論調査」（1998年7月調査）は，滋賀県が今後の県政をすすめるうえでの基礎資料とするために，県民の県政全体に関する満足度と県政の当面する主要課題等をテーマに選び，県民の意識・意向を調査したものである。毎年若干テーマを変えて実施しており，本章では直接自治会・町内会に言及して調査した平成10年度調査を引用する。この後，同じ内容の調査は実施されていない（2015年1月11日現在）。

　この調査は，外国人を含む県内在住の20歳以上の男女2,000人を無作為抽出法により抽出し，郵送法により実施した質問紙調査で，有効回答数1,244件，有効回答率62.2%であった。
14　筆者は，地域組織等が参加者を増やしていくためには，組織の周辺にいる傍観者を何らかの契機により巻き込んでいくことが有効だと考えている。また，傍観者にとっても，当初は決して自発的参加ではないものの，参加していく中で活動の意義や成果を体験することができ，人間的成長の機会を得られると考えている。例えば，子ども会育成会の年度末の役員反省会の場で語られる「最初は大変でやだなと思いましたが，大変だったけどやって良かったです」などの心情の変化を意味し

ている。こうした姿を，筆者は「巻き込まれ型の参加」と名付けた。

【参考文献】
あしたの日本を創る協会（2000）「自治会・町内会の高齢者支援に関する報告書」（http://www.ashita.or.jp/report/jichikai/jichikai.pdf，2013/2/2）。
河野稠果（2007）『人口学への招待』中央公論新社。
滋賀県広報課（1998）「第31回滋賀県政世論調査」1998.9（http://www.pref.shiga.jp/a/koho/seron/31seron.html，2006/11/25）。
総務省（2014）「自治会・町内会等とは」『都市部におけるコミュニティの発展方策に関する研究会参考資料1』（http://www.soumu.go.jp/main_content/000307324.pdf，2016/2/11）。
総務省行政評価局（2012），同会議資料1「地縁団体名義への不動産登記手続の改善促進」2012年3月15日（http://www.soumu.go.jp/main_content/000180472.pdf，2013/1/6）。
辻中豊・ロバート・ペッカネン・山本英弘（2009）『現代日本の自治会・町内会―第1回全国調査にみる自治力・ネットワーク・ガバナンス―』木鐸社。
東京都市長会（2008）事務局企画政策室「地域力の向上に関する基礎調査報告書」平成20年3月（http://www.tokyo-mayors.jp/katsudo/pdf/houkokushyo_chiikiryoku_200803.pdf，2014/5/4）。
東京市町村自治調査会（2005）「「住民自治」の拡充に向けて～「新しい公共」多摩版の創造～」2005年3月（http://www.tama-100.or.jp/pdf/jyuuminjiti.pdf，2008/7/27）。
東北都市社会学研究会（2006）「地方中枢都市における変貌する町内会の現状とその行方―2005年仙台市町内会・自治会調査結果報告書」（http://www.sal.tohoku.ac.jp/~ito/atus/sendai2005-report.pdf，2008/12/9）。
内閣府国民生活局（2007）「平成18年度国民生活モニター調査結果（概要）（町内会・自治会等の地域のつながりに関する調査）」2007年8月24日（http://www5.cao.go.jp/seikatsu/monitor/chiikitsunagaricyousa070824.pdf，2008/11/29）。
三重県身近なまちづくりサポート会議（2005）「自治会等の住民自治組織に関するアンケート調査結果報告書」2005年11月（http://www.pref.mie.jp/TOPICS/20051103211.pdf，2006/11/25）。
横浜市（2004）市民局地域振興部地域振興課「住民組織の現況と活動（平成15年度自治会町内会実態調査報告書）」平成16年3月（http://www.city.yokohama.lg.jp/shimin/tishin/jitikai/tyosa/pdf/h15houkokusyo.pdf，2014/5/4）。
横浜市（2013）市民局市民協働推進部地域活動推進課「平成24年度 横浜市自治会町内会・地区連合町内会アンケート調査報告書」平成25年1月,（http://www.city.yokohama.lg.jp/shimin/tishin/jitikai/tyosa/pdf/h24houkokusyo.pdf，2014/5/4）。
横浜市（2015）市民局「自治会町内会加入世帯数及び加入率の推移（各年4月1日現在）」（http://www.city.yokohama.lg.jp/shimin/tishin/jitikai/tyosa/pdf/kanyuritsu.pdf，2016/2/11）。
山内直人・田中敬文・奥山尚子（2010）『NPO白書2010』大阪大学大学院国際公共政策研究科NPO研究情報センター，2010年3月11日（http://www.osipp.osaka-u.ac.jp/npocenter/npoalmanac2010.pdf，2015/1/11）。

第3章
自治会・町内会に関する先行研究

はじめに

本章では，自治会・町内会にかかわる学術的な先行研究について検討する。自治会・町内会に直接かかわる経営学分野における先行研究はほぼ皆無であるので，主に社会学・歴史学・民俗学・行政学・政治学・NPO論などによる研究成果を概観する。

まず，自治会・町内会のNPO性を再確認するため，NPOに関する研究から検討を始める。

第1節　非営利組織論の研究成果

1．サラモンらの民間非営利組織に関する研究

本項では，自治会・町内会もその一員であるNPO（民間非営利組織）の概念について整理・概観し，各先行研究について検討を加えよう。

(1) NPOの意味

NPO（Non-Profit Organization；非営利組織）は，公益的活動を行なう民間団体であり，活動により得られた利益を構成員に分配しないという特徴（利益分配規制）を持つ組織である。

Salamon（1992，邦訳 1994）は，民間非営利団体についてさまざまな呼称があることを指摘し，「非営利セクター，慈善セクター，独立セクター，ボランタリーセクター，免税セクターなど，多様な用語が使われているが，これらの用語はそれぞれ，各組織が持つ性質の一面だけを強調し，他の面は見過ごす

か，あるいは軽視している」ため，「あまり役に立たない」としている[1]。

サラモンは，自身が使用する「民間非営利セクター」という用語の定義について，以下のように述べている。

「ここで使われている『民間非営利セクター』という用語は，民間の法人組織でありながら，保健，教育，科学の進歩，社会福祉，多元的な価値観の促進といった公共の目的を追求する機関の集合体を意味している。」

そして，民間非営利セクターを構成する組織に共通するものとして，以下6項目の特徴を指摘している[2]。

① 公式のもの（Organizations），つまり，ある程度公共組織化されたもの。
② 民間のもの（Private），つまり，制度的に政府から独立しているもの。
③ 利益配分をするものではない（Not profit distributing），つまり，組織の所有者に利益を生み出すためのものではない[3]。
④ 自主管理（Self-governing），つまり，自分たちの活動を管理する力を備えている。
⑤ 自発的な意思によるもの（Voluntary），つまり，組織の実際の活動において，あるいはその業務のマネジメントについて，有志による自発的な参加をなにがしか含むものである。
⑥ 公共の利益のためのもの（Of public benefit），つまり，公共の利益に奉仕し，寄与するものである。

サラモンの定義によるこのNPOの特性は，端的に言えば，組織・民間・営利非分配・自主管理・自発参加・公益となる。

これに対して，国内におけるNPOに関する整理としては，「ボランティアが深める好縁」という副題を付けた平成12年（2000年）版の『国民生活白書』がやや古いものの分かりやすいので参考に示そう。そこでは，「NPOにどのような団体を含むかについては，色々な考え方が存在している。狭義から広義まで，国内でも海外でも使われ方は統一されていない」としつつも，NPO

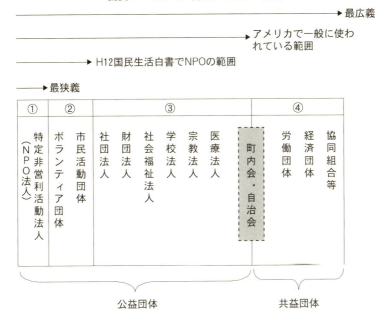

図表 3-1　NPO に含まれる団体の種類

（備考）　1．各種資料をもとに経済企画庁にて作成。
　　　　　2．まれに地縁組織である町内会や自治会を NPO に含めるときがある。
（出所：経済企画庁『平成 12 年版　国民生活白書　ボランティアが深める好縁』大蔵省印刷局，2000 年。）

に含まれる団体の種類により，①から④までの区分を紹介している[4]。

この国民生活白書では，図表 3-1 に示すとおり，①から③までを「公益団体」，④を「共益団体」とし，自治会・町内会は「公益団体」と「共益団体」の中間に位置するものとしたうえで，①と②とを NPO として議論するとしている。

NPO の範囲について研究者により幅があるものの，筆者は最広義にとらえている。自治会・町内会については，それらが担っている公益性に着目しているからである。

(2)　民間非営利組織としての自治会・町内会の位置づけ

前項で示したサラモンの NPO の定義に即して考えれば，自治会・町内会

は，②「民間のもの」と⑤「自発的な意思によるもの」の点に関して，歴史の一時期（織田信長時代と第2次世界大戦末期）に為政者や国家によって逸脱させられたことがあったということになる。

　少なくとも第2次世界大戦後の現在は，②「民間のもの」はもちろん，⑤「自発的な意思によるもの」に関しても法的に加入を義務付けられているものではなく，また⑥「公益性」については，第1章第3節で考察したように，地域社会の利益も公益に連なる場合があることから，定義に合致することになる。

　このように，自治会・町内会を民間非営利組織として位置づけることは可能であるし，また，そうすることの意義は小さくない。なぜならば，わが国憲法が規定する地方自治の本旨とは，地方公共団体による団体自治と地域住民自身による住民自治の両者が統合された姿として理解されているからである。また，歴史的に見れば，自治会・町内会などの地縁による住民組織が，住民相互の共益のみならず，地域における公益の一端をも担ってきたからである。

　しかし，自治会・町内会を始めとする地域住民による地縁的な非営利組織がNPO研究の対象として扱われることは，極めて少なかったのである[5]。まして，経営学の研究対象になることはほぼ皆無であった。

　現実は，日本国民の圧倒的大多数が，自治会・町内会をはじめとする住民自治組織の下で日常の暮らしを営んでいるのであるが，地域が安全で，住民が心豊かに暮らせるためには，そうした組織をどのように経営していったらよいかに答える理論的蓄積はなかったのである。

　現代の地域社会においては，誰でも参加でき誰も排除しないという社会的統合の中心的担い手は，そこに住んでいることのみが構成員たる要件である地縁による住民自治組織であって，これを抜きにしては地域における住民自治の確立を果たしえない。

　地域における住民自治の実質を担ってきた自治会・町内会を始めとする地縁による住民自治組織は，ますますその活動の重要性が増しているといえ，その研究もまた重要性を増しているといえる。

第2節　社会学における自治会・町内会研究の成果

　本節では，社会学の研究者が明らかにした知見について検討する。主には，自治会・町内会の機能に関する研究であるが，その歴史研究についても大きな成果を残している。また，最近は，ソーシャル・キャピタルとの関係からも研究が行われている。

1．パーソンズの AGIL 図式に基づく自治会・町内会の機能と特徴
(1)　住民自治組織の世界的遍在性
　住民自治組織としての自治会・町内会のような組織はわが国特有のものではなく，世界各国に存在することが指摘されている。
　中田（1996）によれば，「人間が一定の地域空間に生活するかぎり，そこに何らかの共同関係や共同組織が生まれることはむしろ当然であり，町内会もそのような組織の日本における現われ[6]」である。
　倉沢（2005）は，高木（2005）の解題の中で，「町内会が日本独自の組織という理解は情報不足による誤りであり，世界にさまざまな形態・機能の地域住民組織が存在することが，次第に明らかになりつつある。地域住民組織の国際比較研究の展開が待たれる所である[7]」と言っている。
　また，西尾（2005）は，行政学者として，同じく高木（2005）の解題の中で，「近代以前の国々であれば，どこの国にも『自警』と『隣保共助』を目的にした何らかの地域的組織が存在するのである。そして，近代国家の建設過程においては，これらの土着の地域的組織をどのように新しい政府体系と関連づけていくかが，地方自治制度の設計上の重要課題になるのである[8]」と述べている。この西尾の指摘は，自治会・町内会の住民自治的役割を端的に示している。
　以上のように，自治会・町内会のような住民自治組織は，世界各地に存在すると考えるのが妥当である。

(2) 機能と特徴

　自治会・町内会の目的と機能について，社会学分野の主要な先行研究である岩崎ほか（1989）は，「町内会の目的は，町内の生活を住み良いものにするために，共同生活の環境・条件を保全し，町内住民の親睦・交流をうながす，ところにあることは大方の確認できるところである。しかし，その活動内容となるときわめて多面的である[9]」とし，Parsons and Smelser（1956，邦訳1958）による社会システムの機能分析枠組みである AGIL 図式を利用して，自治会・町内会の機能を分析し，図表 3-2 のようにまとめている。

　パーソンズ・スメルサー自身は，「行為の体系，とくに社会体系が作用していく場合の 4 つの基本的な体系の問題は，（潜在的な）パターンの維持（これは緊張の処理をふくむ）・目標の達成・適応・および統合である」とし，「行為の体系はすべて，これら 4 つの基本的なカテゴリーによって記述されうるものであり，またその体系の過程もこれによって分析されうるものである」と言っている[10]。

図表 3-2　町内会機能の分析（AGIL 図式）

業績本位（achievement）

A（適応）	G（目標達成）
公的・共同的資源の調達	共同生活の環境・条件の整備・保全

普遍主義 ──────────────── 特殊主義
(universalism)　　　　　　　　　　　(particularism)

L（潜在的機能）	I（社会統合）
意見交換・合意形成と個性・共同感情の表出	町内社会の統合・調整

所属本位（ascription）

（出所：岩崎信彦「地域生活と町内会」岩崎信彦・上田惟一・広原盛明・鯵坂学・高木正朗・吉原直樹編『町内会の研究』御茶の水書房，1989 年、p. 419。）

パーソンズ・スメルサーの言う第1の機能である「パターンの維持」は，ここでは，L（latent；潜在的機能）であり，「意見交換と合意の形成，個性の交流と共同感情の表出」とされている。また，第2の「目標の達成」（G；goal attainment）は「共同生活の環境・条件の整備・保全」機能である。第3の「適応」（A；adaptation）は「公的・共同的資源の調達」機能を指す。最後の「社会統合」（I；integration）は「町内社会の統合・調整」機能のことである。

　この図は，自治会・町内会のすべての機能を，業績本位か所属本位か，普遍的なものか特殊なものか，の2軸により4事象に区分したものである。

　自治会・町内会の各機能と活動内容を，4事象に即して，具体的に整理したものが，次の図表3-3である。

　この図表は，パーソンズ・スメルサーのAGIL機能を大分類として左端に配し，中分類を活動内容として中央に配置し，右端には，個々の具体的事業・項目を整理している。この図表による整理は，自治会・町内会機能の整理の仕方として，包括的で分かりやすい。右から左に向かって，個々の活動が，どのような機能に収斂されていくのか，一目瞭然である。

　岩崎（1989）は，自治会・町内会はこうした各機能を共通して持つものの，個別の会においては活動の個性として，4事象のいずれかで相対的に重点が異なるものであると指摘している[11]。

　また，鳥越（1994）は，自治会・町内会の一般的特徴として理解されている点を以下の5項目に示している[12]。

① 世帯単位制：加入単位が世帯であること。
② 地域占拠制：領土のようにある地域空間を占拠し，地域内には一つしかないこと。
③ 全世帯加入制：特定地域の全世帯の加入を前提としていること。
④ 包括的機能：地域生活に必要なあらゆる活動を引き受けていること。
⑤ 行政の末端機構：市町村などの行政の末端機構としての役割を担っていること。

図表 3-3　自治会・町内会の機能

4大機能	活動内容	活動内容の説明
A:「適応 adaptation」機能＝「公的・共同的資源の調達」機能	会費の徴収による財政基礎の確立	会費を払うことによって自治会・町内会のメンバーシップを確認するとともに，会の財政基礎を確立する。
	行政（あるいはそれに準ずる団体）に対する協力活動	市政への協力，赤十字募金，赤い羽根募金などを通じて，公的業務の分担によって一つの公的権威を獲得すること。
	行政に対する陳情活動	行政に対する協力活動によって，ギブ・アンド・テイクの形で確保した行政への要求権を行使すること。
	地域諸団体への支持，援助	体育振興会，消防分団，少年補導委員会など学区レベルの団体への財政的支持と活動提供。
	自治会・町内会財産の管理・運用	自治会・町内会の活動の基礎条件となる集会所を（学区レベルの共同利用であれ）確保すること，その他自治会・町内会財産の管理・運用。
G:「目標達成 goal attainment」機能＝「共同生活の環境・条件の整備・保全」機能	地域の客観的生活基盤の整備	道路，排水溝，上下水道，街灯，緑化，交通，教育施設などの整備。
	共同生活の防衛	防犯，消防，交通安全，公害除去，近隣建造物の規制など。
	地域福祉活動	青少年非行防止，老人福祉，障害者福祉など。
I:「社会統合 integration」機能＝「町内社会の統合・調整」機能	相互扶助，近隣共同	葬式の互助，共同購入，近隣苦情の処理など。
	世代対象の活動とその集団への援助	青少年育成活動，敬老会，子供会，婦人会，老人会への援助。
	伝統の保存	自治会・町内会自体が毎年行なってきたことを伝統として維持していく，さらにより広域での伝統行事の存続に協力・参加していくこと。
	全世帯加入制	世帯を単位として全員加入を原則とし，それを促すこと。
L:「潜在的 latent」機能＝「意見交換と合意の形成，個性の交流と共同感情の表出」機能	町内の親睦・交流の活動	レクレーション（運動会，盆踊り，ハイキングなど），祭り，親睦会など。
	総会・役員会，学習会・研修会の開催，会報・会誌などの発行。	―

(注) 用語は，筆者が町内会を自治会・町内会と置き換えている。
(出所：岩崎（1989，pp.419-421）により筆者が作表。)

鳥越は，「これらは，地域自治会の特徴の列挙であって，すべての自治会がこのような特徴を備えていないと自治会ではない，というような存立根拠を示すものではない[13]」とする。

一方，中田（2007）は，自治会・町内会の基本的な特徴として，以下5点を挙げており，それらは歴史貫通的に保持されてきた特徴であるとしている[14]。

① 一定の地域区画をもち，その区画が相互に重なり合わない。
② 世帯を単位として構成される。
③ 原則として全世帯（戸）加入の考え方に立つ。
④ 地域の諸課題に包括的に関与する（公共私の全体にわたる事業を担当）。
⑤ それらの結果として，行政や外部の第3者に対して地域を代表する組織となる。

あわせて，「町内会が草の根保守主義の地域基盤であるとか，地付き高齢男性支配の組織であるとかがあげられることもあるが，これらは一定の地域や時代を背景に表れるもので，すべての町内会の特徴とはいえない[15]」とする。

鳥越（1994）と中田（2007）を比較すれば，①から④まではほぼ同じであるものの，鳥越（1994）が行政の末端機構としての特徴を強く指摘する一方，中田（2007）は，地域代表性を強く指摘している点が異なる。

鳥越（1994）の指摘については，自治会長・町内会長の行政委嘱問題と関連づけて考えれば，委嘱の事実のある会長は行政職員（非常勤・特別職の地方公務員）であることから，行政の末端機構としての役割を担っているといえる。会長には住民組織代表という立場と行政職員という立場との二重性が生じる。しかし，それは会長個人の立場（社会的役割）に関することであり，そのことをもって即ち，自治会・町内会が組織として行政の末端機構たる役割を担っているとまではいえない。自治会長・町内会長の立場の二重性と住民自治組織としての自治会・町内会の性格とは，区別して考えるべきものである。もちろん，すべての会長が行政委嘱されているわけでもない。

他方，中田（2007）の5番目の指摘は重要で，自治会・町内会の地域代表性は，その正当性と表裏をなしているというものである。

以上，自治会・町内会の機能について，主要な先行研究を確認した。

これに加えて，地域に存在する各種組織のネットワークの中心核としての機能も確認する必要がある。

例えば，地域での安全と安心の問題に対応して，「自分たちの地域の安全は自分たちで守る」をスローガンにした活動が自主的に行われている。

「子ども110番の家」のような地域ぐるみで子どもを守る活動は，単独の組織で実現できることではなく，地域全体として取り組むことによってはじめて可能となるものである。自治会・町内会を中心として，小学校PTA，中学校PTA，子ども会，婦人会，老人会，消防団分団などが連携・連絡を取り合いながら行なわれている。

第3節　ソーシャル・キャピタル研究の成果

ソーシャル・キャピタルに関する関心が高まり，自治会・町内会などの地域組織との関係性について研究がはじまっている。ここでは，ソーシャル・キャピタルの醸成に果たす自治会・町内会の役割について考察する。

ソーシャル・キャピタルとは，Putnum (2000, 邦訳 2006) によれば，「個人間のつながり，すなわち社会的ネットワーク，およびそこから生じる互酬性と信頼性の規範」である[16]。ここでいう「互酬性」は，特定の個人間において行われる特定的互酬性の規範ではなく，不特定の人々の間に存在する一般的互酬性の規範である[17]。

そして，パットナムは，ひとつの結論として「学校や近隣関係が，コミュニティの結束が弱まっている状況ではうまく機能しないこと，そして経済，民主主義，さらには健康や幸福までもが，社会関係資本（ソーシャル・キャピタル：筆者注）の十分な蓄積に依存している」とする[18]。

ソーシャル・キャピタルの定義については種々あるが，稲葉（2007）は，パットナムやLin (2001, 邦訳 2008)[19]などの定義をまとめ，『『ソーシャル・キャピタル』は『社会における信頼・規範・ネットワーク』』を意味している。平たくいえば，『信頼』，『情けは人のためならず』『持ちつ持たれつ』『お互い

様』といった『互酬性の規範』，そして人やグループ間の『絆（ネットワーク）』を意味している[20]」とする。

地域社会での互助的活動は，信頼・互酬性の規範・ネットワークの形成，維持・促進に効果があると考えられる。

内閣府が設置した「ソーシャル・キャピタル」調査研究会の報告（内閣府国民生活局 2003）によれば，「自治会，町内会等・・・（中略）・・・地縁組織は古くからその地域のことをよく知り，また地域への愛着を持っている団体」であり，「地域における『ソーシャル・キャピタル』形成のための『家族関係』に次ぐ基本的な単位であり，『顔の見える関係』を担保するには最適の単位[21]」である。

また，同調査研究会は，独自に実施したアンケート調査などの結果に基づき，ソーシャル・キャピタルの定量的分析を行い，「『ソーシャル・キャピタル』の各要素と市民活動（自治会・町内会活動を含む：筆者注）の間には一定の相関（正の相関）があることが推測される。市民活動の活性化を通じて，『ソーシャル・キャピタル』が培養される可能性がある。『ソーシャル・キャピタル』が豊かならば，市民活動への参加が促進される可能性がある」との3点を指摘し，「『ソーシャル・キャピタル』の培養とボランティア活動を始めとする市民活動の活性化には，互いに他を高めていくような関係，すなわち，『ポジティブ・フィードバック』な関係性がある可能性がある[22]」と結論づけている。

さらに，金谷（2008）によれば，住民自治組織の活動は，ソーシャル・キャピタルの醸成とプラスの相関がある。金谷は，自治会・町内会に関して「今日でも，日本のボランティア活動の中で，地縁型の活動は自律型の市民活動より大きなプレゼンスを示している」とし，「『信頼』『互酬性の規範』『ネットワーク』に関する『ソーシャル・キャピタル』の指標を説明変数とし，犯罪，健康，教育，経済など社会経済・生活環境面での指標を被説明変数とする分析」を行った。

その結果，「『ソーシャル・キャピタル』を構成するネットワークに関連する指標である市民活動の活発さと，地域の治安，健康，教育，少子化および雇用面での社会経済・生活環境のパフォーマンスの良好さ，あるいは『ソーシャル・キャピタル』の他の要素である信頼や互酬性を示す行動との間には，多く

のプラスの関係が見られる」とし,「地縁ネットワークが『ソーシャル・キャピタル』を形成する力は底堅い」としている[23]。

また,政治学者であるロバート・ペッカネンは,自治会・町内会とソーシャル・キャピタルの関係について言及し,自治会・町内会が「人々を社会的ネットワークに取り込むことによって,社会関係資本(ソーシャル・キャピタル;筆者注)を形成し維持することから,自治会は日本の国家にとって非常に貴重なものになる[24]」と述べ,さらに「日本で自治会ほど社会関係資本に直接的に貢献する団体はないのではないか[25]」と述べている。

以上をまとめれば,地域社会(自治会区域・町内)と自治会・町内会との間には,ソーシャル・キャピタルの醸成について,相互に影響し合う関係がある。特に,自治会・町内会の活動は,相互扶助的であることから「互酬性の規範」の醸成に効果があると考えられ,同時に,住民同士の対面接触による事務・事業の推進が「ネットワーク」の拡大・深化を必然的に導き,また,そうした活動を地域住民が共に担うことによって地域社会における「一般的信頼」を強めると考えられる。こうしたプロセスによって地域社会におけるソーシャル・キャピタルがより豊かになることが推定されるということである。

第4節　行政学その他の研究分野の成果

1. 行政学・政治学における先行研究
(1) 自治とは何か

最初に,自治について確認しよう。

西尾(1990)は,自治について,「自治には,個人の自治,集団の自治,共同社会の自治があり・・・(中略)・・・自治に共通するものは自律(autonomy)と自己統治(self-government)の結合である[26]」とする。

ここで,自律とは権力からの自由であり,自己統治とは民主主義(支配者と被支配者を同一視しようとする政治原理)のことである。

また,松本(2007)は,「元来,『自治』とは,その文字の示すとおり,『自ら治めること』,すなわち,『自らのことを自らの手によって処理すること』

であるとし,「住民自治に係る諸制度・・・(中略)・・・を適切に活用し,住民自治の理念を実現するためには,住民自身の自覚と自治意識が不可欠である[27]」とする。

自治会・町内会は,文字どおり自治の組織である。この点からも,加入率が50％を下回ることが組織にとって致命的であることがわかる。

(2) 住民自治組織に関する研究

行政学者である中川（1980）は,アジアの住民自治組織を調査するなかで,自治会・町内会に似た組織がアジアの国々に存在することが分かったという。
「バランガイは・・・（中略）・・・フィリピンの古い部族集団から発展した最低500人から7, 8千人にも及ぶ自治組織である。市町村と同じではなく,市町村をさらに細分化したもので,統治団体としての性格も与えられている。それだけに活動の実質は町内会に似ている。自警組織があり役員は名誉職である。また,日本でいえば班に相当するシチオという小集団も認められる[28]」という。また,韓国には「統や班といった組織」があり,班は日本でいう隣組で,統のほうは自治会・町内会にあたるという[29]。

自治の単位については,第1章で述べたとおりである。中川（1980）によれば,「日本人にとって,自治の生活単位は町内会規模が最も自然である。これは小さな祭りを維持できる,対面接触の可能な範囲である。ふくれあがったとしても,せいぜい一学区ていどである（この場合は,運動会などの行事が祭りを代行している[30]）。」

また,自治の適正規模について,中川（1980）は,「自治のためにはコミュニケーションが充分におこなわれなくてはならないから,そのための単位はあまり大きなものであってはならない」とし,アリストテレスの『政治学』を援用して,「現代の地域社会の最適規模に関しても・・・（中略）・・・コミュニティが実効性を有する要件として,『一目でよく見渡し得る数の範囲内』という具体例が示された[31]」とする。

さらに中川（1980）は,自治会・町内会において「自治の原点に相当する住民意識がそこで培われることを期待することができる[32]」とし,「自治意識は町内会で培われたところから湧いて溢れ,市区町村行政へ,さらには国家行政

へと流れ落ちるものでなくてはなるまい[33]」という。

　地域自治に果たす自治会・町内会の役割と世界的な住民自治の枠組みの可能性については，山下・谷・川村（1992）も，「近年では，町内会的な住民組織が，我国に特有のものでもなく，他のアジア諸国にも見い出され・・・（中略）・・・実際にも，町内会などがコミュニティづくりの基盤になっているのが，むしろ通例となっている」，「町内会などの組織が果たしてきた機能をとらえることなしに，地方における自治の実態を論じきれるものではないであろう[34]」とする。

　また，Schmid（2001）は，地域自治組織について国際比較をするなかで，わが国においては自治会・町内会を取り上げている。シュミットによれば，住民自治組織の発展のためには，「リーダーやスタッフへの教育・訓練などが重要である[35]」とする。この点については，第8章と第9章で論じよう。

　一方，やや古くはなるが，20世紀初頭，政治学者であるM.P.フォレットは近隣集団の利点について，「近隣組織は隣人に対する疑念を信頼にかえるものであり，・・・（中略）・・・絶えざる，規則的な交際の機会を与えてくれる」とし，すでに次のように指摘していた[36]。

　　「（私たちは：筆者注）友人達と一緒に生活することによって，あるいは，友情が要求する諸義務を経験することによって，自分の友人達にたいする私の義務を学び・・・（中略）・・・広範な経験領域，すなわち，広い範囲の人々と接触することによって，私の共感を磨き深めることによって，そして，日常生活全体を理解することによって社会に対する自分の関係を学ばなければならない。」

　フォレットのこの近隣集団論は，近年のソーシャル・キャピタル論との関係で，極めて示唆に富んだ指摘となっている。近隣組織による活動が，相互信頼や社会的責務の自覚につながるとの指摘である。

2．歴史学・民俗学の研究成果

　歴史学者の尾藤（2000）によれば，都市の場合，古代の平安京を例にとれ

ば，「タテとヨコの通りによって区画された四角形の条坊が行政上の単位とされていたのに対し，このころからの京都では，強力な行政権力がなくなった代りに，地域ごとの住民の組織としての町（ちょう）が形成され，それは道路をはさんでその両側にわたっているので，両側町とよばれ[37]」たという。

そして，「これらの村や町の共同生活を基礎に，寄合（よりあい）などとよばれる集会が催され[38]」たとする。

さらに，民間の神社が15世紀前後に成立したが，そのことは「それぞれの町や村が，共同体としての性格をもつ地域集団となったことを示して」おり，「それらの村や町は，住民の自治によって運営され，またその周囲には堀や柵をめぐらせて，外部に対し防衛の態勢をとっていた[39]」という。

また，民俗学の立場から，宮本（1984）は，地域住民による集会（寄合）の様子の記録を残している。自身が1950～51年にかけて行った対馬総合調査に関連して，次のように述べている[40]。

「対馬の東岸に位置する千尋藻（ちもろ）の四カ浦総代会は，四百年以上もまえからつづいているとのことであるが，それは四カ浦が共同して湾内でイルカをとるようになって以来のことである。この寄りあい制度がいつ頃完成したものであるかは明らかでないが，村里内の生活慣行を内側からみていくと，今日の自治制度と大差のないものがすでに近世には各村に見られていたようである。

日本中の村がこのようであったとはいわないが，すくなくとも京都，大阪から西の村々には，こうした村寄り合いが古くから行われて来ており，そういう会合では郷士も百姓も区別はなかったようである。

<u>寄り合いでは，みんなが納得のいくまではなしあった。だから結論が出ると，それはきちんと守られなければならなかった。</u>

対馬ではどの村にも帳箱があり，その中に申し合せ覚えが入っていた。こうして村の伝承に支えられながら自治が成り立っていたのである。このように<u>すべての人が体験や見聞を語り，発言する機会を持つということはたしかに村里生活を秩序あらしめ結束をかたくするために役だった。</u>」（下線は筆者）

宮本によれば，豊かな自治が，少なくとも近世には，対馬をはじめわが国地域社会に存在していたということである。重要な点は，住民（各戸の代表）が皆参加して，共同の目的のために意見を述べ，納得のいくまで話し合いがなされ，決まったことを皆が守るという点である。そして，そうしたことが記録され，次世代に引き継がれる。

こうした共同と自治のあり方は，現在の自治会・町内会などの住民自治組織のあり方を考えるとき，重要な示唆を含んでいる。

つまり，「すべての人が体験や見聞を語り，発言する機会を持つ」ということは，誰もが参加でき，誰も排除しないということであり，そうした場と機会を保証するということである。住民自治は民主主義を内包しているのである。

3．社会心理学の援用

社会心理学の研究成果として，単純接触効果（mere exposure effect）が，住民自治組織が活動する際の参考になる。

単純接触効果とは，宮本・太田（2008）によれば，「対象への単純な繰り返し接触がその対象に対する好意度を高める現象[41]」をいう。米国の心理学者ロバート・ザイアンスが実験的手法を確立したことから，ザイアンス効果とも呼ばれている。

この「繰り返し接触」する刺激の対象としては，映像などの視覚によるものに限らず，音楽などの聴覚によるもの，触覚によるものなど，五感のいずれにおいても効果があるとされているが，この知見は，地域・学区における「あいさつ運動」やパトロール活動，見守り活動などの経験と合致している。

毎朝，登校する子どもたちが，沿道で見守る他の保護者や地域の高齢者たちに親しみを抱くようになることや，逆に，地域の大人たちが自分の子ども以外の地域の子どもたちに好意を持てるようになることは，地域の安心・安全のために極めて重要なことである。

地域での活動を計画する際には，こうした単純接触効果を考慮して事業内容を組めば，地域社会内での信頼や絆（ネットワーク）などを増進させる可能性がある。

おわりに

　本章で概観したとおり，先行研究により明らかになっていることは，おおむね以下のとおりである。

　まず，自治会・町内会の歴史についていえば，第1章でも確認したとおり，最も古いものは室町時代末頃にはつくられ始めたが，発生の当初から，その目的は「地域の安心・安全」を基軸に展開された。安心・安全の問題は，現在も最大のニーズとなっている。

　次に，自治会・町内会は住民自治組織であり，同様の地域住民による組織は世界各国に存在していると推定され，今後の比較研究が求められている。わが国の自治会・町内会の機能については，社会学においてかなり解明されている。

　さらに，自治会・町内会が住民自治的非営利組織であることから，非営利組織論の知見を援用することが可能である。

　また，自治会・町内会とソーシャル・キャピタルとの関係について，近年研究が進められており，住民自治組織の活動とソーシャル・キャピタルは相関がある[42]ことや，その活動がソーシャル・キャピタルの蓄積を促進し，地域の問題解決につながる可能性があるとされる。学校等を拠点として，いろいろな関係者が話し合い，情報共有し，協力し，ともに汗をかくことは，ソーシャル・キャピタルが豊かな地域コミュニティを育てることにつながる[43]可能性がある。

　あるいは，社会心理学の知見からは，単純接触効果を地域活動に活かすことで，効果的な安心・安全のまちづくりが進められる可能性を指摘できる。

　そのほか，住民自治組織の発展のためには，リーダーやスタッフへの教育・訓練などが重要である[44]。

　一方，先行研究における未解明の部分や限界として，以下の諸点が指摘できる。

　まず，自治会・町内会の経済規模，社会経済に与える影響などマクロ経済的な影響度が解明されていない。こうしたことが国民経済計算では把握できないため，全く不明である。

　また，従来の非営利組織論でも，自治会・町内会などの住民自治組織を捉えられていない。世界的な非営利組織研究の枠組みの中でも，住民自治組織を

NPOに含めて研究している者は少ない[45]。

こうしたことに加えて，自治会・町内会などの住民自治的非営利組織の経営方法については，ほとんど未解明といえる。特に，限定された地域内からしか経営者を得られないという住民自治組織特有の後継者獲得問題や経営管理者としての会長が抱える諸問題については，全く明らかにされていない。

さらに，自治会長・町内会長らの参加動機や誘因，少なくない会が不活性であることの原因と活性化策なども，明らかになっていない。

先行研究により明らかになっている点については，第5章以下の経営学各論の適用に際して参考にする。また，明らかになっていない点のいくつかは，筆者が独自に行ったアンケート調査などにより，次章において明らかにしていこう。

注
1　Salamon（1992, p. 4, 邦訳 1994, pp. 18-19）．
2　Salamon（1992, p. 6, 邦訳 1994, p. 22）．
3　利益配分は，その組織の理事者・意思決定者群に対して行ってはならないと考えられており，組織が雇用する者に対しては，その給与などについて，ある程度の成功報酬的な付加があっても良いと考えられている。要は，組織目的や事業目的が，利益の獲得に向かわないことを担保するための規制である。
4　経済企画庁（2000, pp. 129-130）。
5　2007年3月の日本NPO学会第9回年次大会において，初めて，自治会・町内会などをNPOとして研究した報告が，金谷信子氏によりなされた。その後，金谷（2008）として刊行されている。
6　中田（1996, p. 60）。
7　倉沢（2005, p. 1060）。
8　西尾（2005, p. 1045）。
9　岩崎ほか（1989, p. 418）。
10　Parsons and Smelser（1956, pp. 16-20, 邦訳 1958, pp. 27-31）。
11　岩崎（1989, pp. 419-421）。
12　鳥越（1994, p. 9）。
13　鳥越（1994, pp. 9-10）。
14　中田（2007, pp. 12-13）。
15　中田（2007, p. 13）。
16　Putnum（2000, p. 19, 邦訳 2006, p. 14）．
17　Putnum（2000, pp. 20-21, 邦訳 2006, p. 17）．
18　Putnum（2000, pp. 27-28, 邦訳 2006, p. 27）．
19　Lin（2001, pp. 24-25, 邦訳 2008, p. 32）によれば，「社会関係資本は**人々が何らかの行為を行うためにアクセスし活用する社会的ネットワークに埋め込まれた資源**と操作的に定義される」とする。
20　稲葉（2007, p. 4）。稲葉自身は，この定義に「心の外部性」を加え，「心の外部性を伴った信

頼・規範・ネットワーク」をソーシャル・キャピタルの定義としている。
21 内閣府国民生活局（2003, p. 97）。
22 内閣府国民生活局（2003, p. 56）。
23 金谷（2008, pp. 16-28）。
24 Pekkanen（2002, p. 92, 邦訳 2008, p. 120）。
25 Pekkanen（2002, p. 124, 邦訳 2008, p. 154）。
26 西尾（1990, pp 373-375）。
27 松本（2007, p. 99）。
28 中川（1980, p. 3）。
29 中川（1980, p. 4）。
30 中川（1980, p. 10）。
31 中川（1980, pp. 94-100）。
32 中川（1980, p. 131）。
33 中川（1980, p. 196）。
34 山下・谷・川村（1992, pp. 309-311）。
35 Schmid（2001, pp. 146-147）。
36 Follett（1918, pp. 192-193, 邦訳 1993, pp. 185-186）。
37 尾藤（2000, p. 121）。
38 尾藤（2000, p. 122）。
39 尾藤（2000, p.126）は、「15、16 世紀のころ、村や町など、住民の自治組織としての共同体が形成され」たとする。また、16 世紀の近世国家成立とともに、「武士と町人は城下町などに集住し、農・山・漁村には百姓が住むという形で兵農分離が行われた結果、武士が町人や百姓の職業活動に直接に干渉することは、ほとんどなくなり、町は町の、村は村の、それぞれの自治に委ねられる面が大きくなった」という（尾藤 2000, p. 147）。
40 宮本（1984, pp. 16-57）。
41 宮本・太田（2008, p. 2）。
42 金谷（2008）。
43 金子（2005, p.25）。
44 Schmid（2001, pp. 146-147）。
45 Pickert（2003）と Osborne（2003）は自治会・町内会を NPO として考えている。

【参考文献】

Follett, Mary P. (1918) *The New State: Group Organization, the Solution of Popular Government.*（三戸公監訳、榎本世彦・高澤十四久・上田鷲訳『新しい国家　民主的政治の解決としての集団組織論』文眞堂、1998 年。）

Lin, Nan (2001) *Social Capital: A Theory of Social Structure and Action*, Cambridge University Press.（筒井淳也・石田光規・桜井政成・三輪哲・土岐智賀子訳『ソーシャル・キャピタル─社会構造と行為の理論─』ミネルヴァ書房、2008 年。）

Osborne, Stephen P. ed. (2003) *The Voluntary and Non-Profit Sector in Japan: The challenge of change*, Routledge Curzon.

Parsons, Talcott and Smelser, Neil J. (1956) *Economy and Society: A Study in the Integration of Economic and Social Theory*, Free Press, Glencoe, IL.（富永健一訳『経済と社会 I』岩波書店、1958 年。）

Pekkanen, Robert J. (2002) *Japan's Dual Civil Society: Members Without Advocates*, UMI

Dissertation Services.（ロバート・ペッカネン，佐々田博教訳『日本における市民社会の二重構造』木鐸社，2008年。）

Pickert, M. A. (2003) *Creating Citizens: Volunteers and Civil Society, Japan in Comparative Perspective*, a dissertation thesis of University of Washington, ProQuest, Michigan, USA.

Putnum, Robert D. (2000) *Bowling Alone: The Collapse and Revival of American Community*, Simon & Schuster Paperbacks, New York.（柴内康文訳『孤独なボウリング―米国コミュニティの崩壊と再生』柏書房，2006年。）

Salamon, Lester M. (1992) *America's Nonprofit Sector: A Primer*, New York: The Foundation Center.（入山映訳『米国の「非営利セクター」入門』ダイヤモンド社，1994年。）

Schmid, H. (2001) *Neiborhood Self-Management: Experiments in Civil Society*, Kluwer Academic / Plenum Publishers, New York.

稲葉陽二（2007）『ソーシャル・キャピタル―「信頼の絆」で解く現代経済・社会の諸課題』生産性出版。

岩崎信彦・上田惟一・広原盛明・鰺坂学・高木正朗・吉原直樹（1989）『町内会の研究』御茶の水書房。

江藤俊昭（1996）「都市内分権化の意義と可能性―もう一つの地方分権を模索する―」山梨学院大学行政研究センター『地方分権と地域政治』第一法規，pp. 53-89。

金谷信子（2008）「ソーシャル・キャピタルの形成と多様な市民社会―地縁型 vs.自律型市民活動の都道府県別パネル分析―」日本NPO学会編集委員会『ノンプロフィット・レビュー第8巻第1号』日本NPO学会，2008年6月，pp. 13-31。

倉沢進（2005）「町内会研究の意義と課題―高木鉦作氏の大作を読む」高木鉦作『町内会廃止と「新生活協同体の結成」』東京大学出版会，pp. 1047-1062。

経済企画庁（2000）『国民生活白書（平成12年版）』大蔵省印刷局。

高木鉦作（2005）『町内会廃止と「新生活協同体の結成」』東京大学出版会。

鳥越皓之（1994）『地域自治会の研究』ミネルヴァ書房。

内閣府国民生活局（2003）『ソーシャル・キャピタル―豊かな人間関係と市民活動の好循環を求めて―』国立印刷局。

中川剛（1980）『町内会』中央公論社。

中田実（1996）「町内会をめぐるこれまでの議論」東海自治体問題研究所編（編集代表・中田実）『町内会・自治会の新展開』東海自治体問題研究所，pp. 47-63。

中田実（2007）『地域分権時代の町内会・自治会』自治体研究社。

中邨章（1996）「地方分権が国際化するなかで―自治体改革の将来戦略―」山梨学院大学行政研究センター『地方分権と地域政治』第一法規，pp. 16-33。

西尾勝（1990）『行政学の基礎概念』東京大学出版会。

西尾勝（2005）「町内会部落会の行政的機能に関する執念の労作―伝統と近代，自治と統治の相克と相互補完」高木鉦作『町内会廃止と「新生活協同体の結成」』東京大学出版会，pp. 1029-1045。

尾藤正英（2000）『日本文化の歴史』岩波書店。

松本英昭（2007）『地方自治の概要　第1次改訂版』学陽書房。

宮本常一（1984）『忘れられた日本人』岩波書店。

宮本聡介・太田信夫（2008）『単純接触効果研究の最前線』北大路書房。

山下茂・谷聖美・川村毅（1992）『増補改訂版　比較地方自治―諸外国の地方自治制度―』第一法規出版。

第4章

本研究のために実施した実態調査

はじめに

　第2章と第3章では自治会・町内会に関するこれまでの調査と研究を概観したが、本章では、前章までの調査・研究で明らかになっていない問題、特に自治会長・町内会長の活動の支えとなっている動機や誘因、組織運営の具体的内容などを中心に、筆者が独自に行った実態調査に即して得られた知見について述べることにしたい。

第1節　調査の概要と項目

　前記のとおり、各種の調査・研究が自治会・町内会に関して実施されているが、大都市以外の全国的な自治会・町内会の財政状況を含む具体的な状況が不明であることや、多忙な会長を動機づける誘因、逆に職務執行を阻害する要因などが明らかになっていないこと、あるいは、未加入住民が加入しない理由などについてもよく分かっていない。そこで、2007年7月に筆者は独自に郵送による質問紙調査を実施した。

　本調査は、調査対象が専用の電話を持っている自治会・町内会に限られていることと、回収率がやや低いという制約を持っているものの、得られた知見は貴重なものなので参考とする。

　本節では、その質問紙調査の概略について記述しよう。

1．調査の概要

　調査対象については、2007年7月時点でNTT系電話番号検索サービス「i

タウンページ」に登録のある自治会，町内会，町会，区会，部落会の全てとした。

ただし，自治会の中には，地域自治会とは異なる学生自治会などがあることや，区会の中にも市町村の行政区域にかかわる区会もあることなどから，住民自治組織とは異なるそうした名称を持つ組織については対象外とした。

対象となった組織は，北海道から沖縄まで全国に及ぶ 2,315 団体である。

有効回答数は 238 件であり，有効回答率は 10.3％であった。

第 2 節　調査結果の概要

1．全般について

上記調査項目のうち，主だった項目の集計結果について，順次説明と検討を加える。

(1) 事務所の場所

自治会・町内会の事務所の場所については，図表 4-1 のとおりである。本調査が，専用電話を持つ自治会・町内会に対して行っていることから，会名義の電話を置ける場所をもっている組織が該当するため，会館を持っている組織（64.3％）の割合が結果的に多くなり，会の事務所も会館が多くなっている可能性がある。

これと逆に，会長の自宅に電話がある場合（26.0％），自治体担当者や関係

図表 4-1　事務所の所在地

		数	割合
1	会長の自宅	61	26.0%
2	町内会館（自治会館）	151	64.3%
3	市町村の事務室	3	1.3%
4	その他	18	7.7%
5	不明	2	0.9%
	計	235	100.0%

（出所：筆者作成。）

各団体からの電話連絡はすべて会長宅にかかってくるため，会長が留守のときは家族が取り次ぎをすることとなり，会長家族の負担について，事務所が外にある場合に比べて増加することが考えられる。

(2) 世帯数と加入率について

図表 4-2 の加入率の中央値が示すとおり，半数の自治会・町内会が，加入率 95.1％以上である。

図表 4-2 対象世帯数と加入世帯数

		最小値	中央値	平均値	最大値	N
1	対象世帯数	11	485	805	6,500	227
2	加入世帯数	11	415	668	4,800	235
3	加入率（％）	17.1	95.1	-	100.0	227

(注) 加入率は，個々の団体の加入率について見たもの。
(出所：筆者作成。)

加入率が 100％の団体は 71 団体（31.3％）あり，50％未満のものが 8 団体（3.5％）あった。

(3) 組または班の有無，規模

組または班の状況は，図表 4-3 のとおりであった。9 割以上の自治会・町内会が，下部組織としての組または班をもっている。通常は，1 団体あたり 23 個ほど持っていると考えられる。

図表 4-3 班・組の有無と規模

	該当数	割合	最小値	中央値	平均値	最大値
ある	203	91.9％	2	23	42	400
ない	18	8.1％				
計	221	100％				

(出所：筆者作成。)

(4) 会の区域とおおむね一致する区域

自治会・町内会の区域と一致する区域については，図表 4-4 のとおりであっ

た。

図表 4-4　自治会・町内会の区域と一致する区域

N＝230　　　　　　　　　　　　　　　　　　　　　　（複数回答）

		該当数	該当率
1	小学校区	134	58.3%
2	中学校区	83	36.1%
3	民生委員児童委員協議会の地域組織	109	47.4%
4	社会福祉協議会の地域組織	79	34.3%
5	体育振興会等の地区組織	47	20.4%
6	青少年活動推進委員会等の地区組織	52	22.6%
7	ボランティアセンターの地区組織	12	5.2%
8	シルバー人材センターの地区組織	12	5.2%
9	公民館区	52	22.6%
10	その他	17	7.4%
11	該当なし	49	21.3%

（出所：筆者作成。）

　小学校区と一致する会が多いが，第1の理由として考えられるのは，京都市の例のように，歴史的にみて，共同生活の範域に小学校が設置されたことである。第2の理由として考えられるのは，開発団地の場合，自治体が団地内に学校用地の確保を求める場合があることである。また，用地確保を求めないまでも，結果的に相当数の人口が張り付き，入居世代が30代～40代であれば，当然小学校の建設が自治体側に求められ，結果的に，後から学校が建設され，開発団地の区域と小学校の区域とが一致する場合があると考えられる。

　また，第1の理由に関係するが，自治会・町内会区域が他の範域と一致するのではなく，自治会・町内会の区域に他の組織の範域を一致させている場合がある。事実，一部の会長からは，「町内会区域が一致するのではなく，町内会区域に一致させている」との回答があった。

　特に，社会福祉協議会や民生委員児童委員協議会の地域組織と一致させることは，地域福祉の推進のうえで極めて重要と考えられる。管轄区域が一致していれば，各種の意思決定・事業執行が効率的・効果的に行えるからである。

　その他の一致している組織として，納税貯蓄組合，衛生組合，農事改良組

合，農区，農家組合，簡易保険団体，神社氏子会などが，一部の会から挙げられた。

これは，自治会・町内会が地域に「唯一」であり，加入率がほぼ100%「全世帯」であることから，他の「地域に唯一で世帯単位の加入組織」と一体化しやすいことを示している。一体化して運営する方が，経済的・効率的・効果的である。各徴収費用（税金，保険料，組合費など）を一緒に徴収でき，事務費も軽減できる。

しかし，他方で，自治会・町内会本来の目的や性格を歪曲したり，個人のプライバシーを侵害する恐れといった現代的問題を生じる場合がある。同一区域でも，組織（役員・事務・会計）を分離することが本来だと考えられるが，分離すると不経済・非効率・効果的でなくなるというジレンマがある。

この問題は，組織多重性の問題として別途検討を要する。組織多重性の問題というのは，上に書いたとおり，本来は別組織である複数の組織が，構成員が同一であることなどから，役員・会計などを区別せずに運営することである。メリットもあるが，デメリットもある。

(5) 総会の開催状況

総会の開催状況は，図表4-5のとおりである。ほとんど全ての会が，総会を毎年開催している。総会の定期開催は，民主的運営のための第一歩である。

図表4-5　総会の開催状況

N=235

		該当数	割合
1	開催していない	5	2.1%
2	開催している	229	97.4%
	ア　年2回以上	19	8.1%
	イ　年1回	207	88.1%
	ウ　その他	3	1.3%
3	不明	1	0.4%

（注）　%は小数点以下第1位を4捨5入しているので，合計が合わない場合がある。
（出所：筆者作成。）

(6) 総会の参加状況

総会への参加状況は，図表4-6のとおりである。

図表4-6 総会の参加状況

N=227

		数	割合
1	役員・組（班）長程度	67	29.5%
2	役員・組（班）長を含む住民の2～4割	77	33.9%
3	役員・組（班）長を含む住民の5割程度	19	8.4%
4	役員・組（班）長を含む住民の6割以上	62	27.3%
5	不明	2	0.9%

(出所：筆者作成。)

これによると，総会の参加[1]状況には，ばらつきがある。過半数の団体で，総会参加者は住民の4割以下となっている。

総会の開催状況は，議決機関としての正当性の問題につながるが，もともと加入世帯の世帯代表者全員が参集できるような施設を持っている自治会・町内会は少ないと考えられる。図表4-2で示したように，本調査の回答団体の平均加入世帯数は668であり，中央値でも415世帯であるからである。

本調査においては，会館が事務所となっている会が64.3%あったが，会館が，数十人から100人程度の集会室を持つ場合があるとしても，全世帯が参加できるのは一部の小規模の自治会・町内会に限られ，大半の団体は役員と組長（班長）程度にならざるをえない。

組長（班長）は，組下（近隣世帯）から選出されており，代議員として組下世帯を代表する資格を持つと考えられるので，総会も代議員による総会と考えれば良いことになる。そうすれば，議決機関としての総会の正当性は担保される。

2．財政状況について
(1) 収入支出額の概要

収入額と支出額の概要は，図表4-7のとおりである。

第2節　調査結果の概要　73

図表 4-7　収入支出額の概要

(円)

	収入額	支出額	1世帯あたりの会費収入	1世帯あたりの支出額
最小値	194,400	110,000	0	1,393
中央値	5,121,000	4,292,093	4,980	8,171
平均値	8,833,889	5,926,942	7,515	13,680
最大値	80,842,673	63,106,000	50,561	127,500
N	211	208	210	207

(出所：筆者作成。)

　これによると，年間収入額では，最小値が 194,400 円，最大値が 80,842,673 円，中央値は 5,121,000 円である。1 世帯あたりの年会費負担額では，最小値が 0 円，最大値が 50,561 円，中央値は 4,980 円である。

　年間支出額では，最小値が 110,000 円，最大値が 63,106,000 円，中央値は 4,292,093 円であった。1 世帯あたりに換算した支出額では，最小値が 1,393 円，最大値が 127,500 円，中央値は 8,171 円である。中央値でみれば，各加入世帯は，年間でおおむね 5,000 円程度の会費負担と引き替えに，8,000 円相当の受益を受けていることになる。

　すべての会で，加入世帯単位で計算すると，支払った会費より会が地域社会のために支出した経費の方がはるかに多額である。理由は，自治体等からの補助金などが収入としてあるためである。このことは，自治会・町内会が地域社会における経済的な分配機能を持っていることを意味する。あるいは，自治体が持っている所得分配機能を住民に近い末端で担保している，とも言える。

(2) **集金マシーン化問題と会の自立について**

　一部の自治会・町内会で，住民が自治体に支払う「ごみ手数料」を代理徴収している事例や，社会福祉協議会の会費を代理徴収している事例，あるいは，住民が神社に支払う神社維持負担金を代理徴収している事例，さらには，納税貯蓄組合補助金・衛生組合補助金・簡保繰入金または簡易保険団体加入集金手数料などを自治会・町内会の収入としている事例がみられた。こうした実態

は，自治会・町内会のいわゆる「集金マシーン化」問題として知られている[2]。

また，自治体から収入した交付金などを，そのまま子ども会など他の地域組織に支出しているものもあった。自治体が地域団体への交付金算定の際，他組織分を含めた合計金額を自治会・町内会に一括して支出しているものと考えられる。

集金マシーン化問題は，会長の行政委嘱問題とあわせて，自治会・町内会の組織としての自立（自律）性を損なうだけでなく，根本的・基本的な性格を左右する重要な問題であると考えられる。事実，ある会長は，アンケートへの回答の中で，「自治会長は目標達成の集金マシーンではない」と訴えている[3]。

3．役員の実態について

(1) 役員の名称と人数

役員の名称は，さまざまである。おおむね専門部・委員会制をとり複数役員が事業を担当する団体と，書記・担当のように1人の役員が1部門を担当する団体がある。また，その混合型もあった。

男女別と合計数による役員の規模は，図表4-8のとおりであった。

図表4-8　役員の男女別規模

N=212

	最小値	中央値	平均値	最大値
役員総数	1	19	31	292
男	0	14	23	239
女	0	3	8	181

（出所：筆者作成。）

役員数は，会長1人の団体（3団体）から，役員総数292人の団体まで幅があり，中央値は19人であった。監査役員を置かない団体や会長が会計を兼職している団体もあった。そして，副会長を複数置く会が多くあった。

男女別にみた役員数については，男性役員数は最大の団体で239人，最小は0人である。他方，女性役員の最大は181人で，同じく最小は0人である。つまり，すべての役員が男性という団体もあれば，全ての役員が女性という団体もあった。

また，組下から順番で選出される組長（班長）を役員としている団体が少なくなかった。

会長・役員の性別割合は，おのおの図表4-9，4-10のとおりである。全体として，役員の4人に1人が女性であるが，会長はほとんど男性である。

図表4-9　会長の男女割合
N＝225

	数	割合
男が会長	218	96.9%
女が会長	7	3.1%

（出所：筆者作成。）

図表4-10　役員の男女割合
N＝225

	数	割合
男の役員	4,777	73.3%
女の役員	1,741	26.7%
役員総数	6,518	―

（出所：筆者作成。）

なお，ここでいう役員とは，少なくとも自治会・町内会の意思決定や事務執行に責任のある立場の者を指している。

毎年「順番制」により交替する班長（ブロック長）の中から役員のほとんどを選出している会がある[4]。この場合，役員の不足を生じる恐れはないが，役員としての「能力」や「意欲」などの点で問題を生じる危険性がある。

ある会長は「ほかになり手が無く，引き受けざるを得なかった」ため，地域の役員を一度も経験することなく，「はじめて役員になった」という。また，「順番制」のため，「役員の任期は1年であること（継続性がない）」や「各役員の能力の程度がわからないこと」を運営上の苦しさであると感じている。さらに，「防災組織の役員は単年度ではなく，複数年継続することが必要」と感じ，「ボランティア（順番）集団の限界」を感じている。

上記のように，順番制のデメリットとしては，単（短）年度で交替することから組織内に経験と知識を蓄積できないこと，また，一定の能力・意欲などが

安定的に組織内に提供されない恐れがあることなどが考えられる。

　反対に，順番制のメリットとしては，地域社会の課題，自治会・町内会の課題などを広く住民全体の共通認識とし解決のための参加の場を提供できることから，経験と知識を共有・拡散できることや，自治意識の浸透・拡充に効果的であることなどが考えられる。

　順番制が有効に機能するのは，組長（班長）層である。いわゆるスパン・オブ・コントロール（統制の範囲）が広くなく（10～20世帯程度），責任・義務も限定された範囲（情報伝達・労務提供など）のものである。専門部長や三役（会長・副会長・会計）などは，ある程度経験と実績，判断力と事務処理能力のある人が担う必要があるため，順番制でない方が良いと考えられる。

　大規模な団地自治会などの場合，企業組織に似せた執行体制（事業部制に擬制した「専門部制」や，各事業部の責任者を副会長として任じ会長への補佐力を高めるなど）が，有効に機能するように思われる。

　自治会・町内会といえども，大規模なものは，高度な専門的マネジメント能力を要求されている。しかし，リーダーに専門経営者を用意できるわけではない。多くは地域住民の互選であり，ここに組織運営の困難性の原因がある。同時に，企業組織の経験者の知識・経験が活かされるという可能性のひとつもある。

　また，監査・監事を置かない会が一部にあることがわかった。監査・監事の職務として，年に一度の決算監査のみを想定していることが多いことから，日常的に事務が発生しない役職（閑職）として捉えられている恐れがある。

　一応，役職としてあることから人を選任するが，「忙しくないから。年度末の帳簿の確認だけだから」と，とりあえず役員会メンバーに誘い込むための，入りやすい（参入障壁の低い）役職として訴求している場合がある。毎回の役員会に出席を要しない場合もあり，実際に年度末の帳簿の確認のみが職務である場合もある。

　監査という事務，監査・監事という職務に対する低い評価・認識・扱いは，住民自治組織の自己統治という観点からみると重大な問題である。自治会・町内会の経営改善のためには，監査・監事が本来の職務を果たすことに加え，ある程度の規模以上なら，外部監査導入の検討なども必要な場合がある。

まずは，補助金を支出している自治体が，支出先としての自治会・町内会の決算監査を行えばよい。もともと，その権限と責任がある。そうされることで，自治会・町内会側も襟を正していくきっかけになる。

住民同士の中で監査をするのは，担当者を信頼せず，お互いを監視するようで好まれない傾向があるのかもしれない。中には，会長が会計を兼任している会すらあった。支出に関する決定と執行が同一人物では，支出や会計事務が適正に行われなくなる恐れがある。監査が中立で，できれば外部監査であれば，会計事務の適正さも担保される可能性がある。

(2) 役員会の開催状況

役員会の開催状況は，図表 4-11 のとおりであった。役員会は，おおむね毎月開催しているものが 141 団体（62.7％）である。一方，「月 2 回以上」というのは，全体の役員会のほかに，各専門部の役員会を月 1 回程度開いている可能性が考えられる。規模の大きな団体で，文化部や福祉部など事業数が多い専門部の場合，部会会議も月に 1 回では足りないかもしれない。他方，役員会開催が隔月から年に 1〜2 回という団体もある。

図表 4-11　役員会の開催状況

N＝225

		数	割合
1	概ね毎月 2 回以上	32	14.2％
2	概ね毎月 1 回	141	62.7％
3	概ね 2 か月に 1 回	20	8.9％
4	年 3 回〜5 回	26	11.6％
5	年 1 回〜2 回	5	2.2％
6	その他	1	0.4％

（出所：筆者作成。）

「その他」は，「必要に応じて会長が」招集するというものである。

(3) 役員のなり手について

会長を含む役員のなり手状況については，図表 4-12 のとおりであった。

図表 4-12　役員のなり手について

N＝226

		数	割合
1	なり手は十分いる	41	18.1%
2	なり手は不足している	177	78.3%
3	不明	8	3.5%

（注）　％は小数点以下第1位を4捨5入しているので，合計が100にならない。
（出所：筆者作成。）

　役員のなり手については，78.3％（177団体）が不足しているとしている。これに対して，十分いるとしたものは18.1％（41団体）にとどまっており，全体として不足の状況にあるといえる。

(4)　役員のなり手が不足する理由について

　役員のなり手不足の理由について聞いたところ，図表4-13のとおりであった。

　なり手不足の理由については，役員になると「時間的負担が大きい」ことをあげた会が80.6％（162団体）あった。2番目に多い理由は「精神的負担が大きいこと」で，58.2％（117）の会が支持した。3番目に多かったのは，「仕事に支障が生じる」ことで，49.8％（100）の会が支持した。つまり，約半数以上の会長が，時間的負担，精神的負担，仕事への支障の3点を，役員のなり手

図表 4-13　役員のなり手不足の理由

N＝201　　　　　　　　　　　　　　　　　　　　（複数回答）

		数	該当率
1	役員になると時間的負担が大きいから	162	80.6%
2	役員になると経済的負担が大きいから	27	13.4%
3	役員になると精神的負担が大きいから	117	58.2%
4	役員になると家族に負担がかかるから	58	28.9%
5	役員になると仕事に支障が生じるから	100	49.8%
6	その他	15	7.5%

（出所：筆者作成。）

が不足する理由として考えていることがわかった。このほかは、「家族に負担がかかる」ことが 28.9％（58 団体），また，「経済的負担が大きい」ことが 13.4％（27 団体）の順になっている（複数回答）。

4．運営上の課題と活動方向
(1) 自治会・町内会に加入したがらない住民の理由をどう捉えているか

住民が自治会・町内会に加入しない理由を，会長はどのように捉えているかについては，図表 4-14 のとおりであった。

図表 4-14　住民が加入しない理由

N＝190　　　　　　　　　　　　　　　　　　　　　（複数回答）

		数	割合
1	加入すると，時間的に忙しくなる	42	22.1％
2	加入すると，経済的に負担が増える	59	31.1％
3	加入すると，精神的・心理的に負担が増える	43	22.6％
4	加入することの利点（メリット）がない	92	48.4％
5	他人に係りたくない	100	52.6％
6	地域社会に対する愛情がない	98	51.6％
7	その他	25	13.2％

（出所：筆者作成。）

会側が捉える不加入の 3 つの重要な理由は，まず，他の住民への無関心（52.6％）や地域社会への愛情のなさ（51.6％）であり，続いて，加入する利点がない（48.4％）と思っていることである。

加入する利点についていえば，1 世帯あたりの負担と受益の関係から，経済的な点でも利益はあると言えるが，受益の一部が，未加入でも得られる利益であるのも事実であるため（自治会・町内会の提供するサービスは，公共財である），この経済的差益は，入会するための積極的な理由（動機）にはならない。

地域住民の地域に対する愛情をどのようにして育むかは，重要な戦略的課題である。

また，「役員になりたくない」からだと回答した会長がいた[5]。「自治会・町内会に入ると，いずれ役員が回ってくる」という「負担感」や「恐れ」がある

可能性がある。

　事実，加入すれば，組長（班長）が順番で10数年に一度回ってくることになり，これは逃れられない。毎月組長会議に出席し，会費や各種募金などの集金，自治体広報紙や回覧版の配布，祭礼の際の手伝い，組（班）下各世帯からの苦情の窓口役などなど，組長（班長）になると1年中忙しい思いや嫌な思いをすることになる，という負担感がある恐れがある。

　会側の問題として，自治会・町内会は，本来，自治的なボランティア組織であるが，旧来から「世帯単位の半強制参加」の組織として運営してきたことから，「個人単位の任意参加」に対応できていない。地域社会が世帯単位から成り立っているため，自治会・町内会も世帯を加入単位とすることに合理的意義はあるものの，独居老人や若年単身者も増えていることを考えると，完全な「世帯単位の半強制参加」を維持することは難しいし，無理がある場合があるのではないかと考えられる。

　そこで，単身世帯者に対する対応を検討する必要がある。単に，「地域への愛情がない」という住民意識の問題に矛先を向けるのではなく，単身世帯者が参加できるような機会作り・関係作り・組織作りをしていく必要がある。そうしないと，「参加しない」ではなく「排除している」ことになる恐れがある。本来的には地域住民を包含すべき（インクルーシブな）組織が，排他的（イクスクルーシブな）組織になってしまい，本末転倒になる。

　もともと，自治会・町内会は，地域的な「互酬」を制度化（保障）する組織，あるいは，実体化する組織といえる。

　自治会・町内会は，全国に存在することで，わが国全体社会の内における「互酬」をも実体的に担保していると考えられる。

　事業実施に際しては，防災訓練，防犯活動，通学路パトロールなど，実益があり具体的で，部分参加が可能な活動の場を広く住民に提供し，地域社会における助け合いの実態について，体験に基づきながら住民が理解していけるように進めていくことが大切である。

　互助・互恵，互酬，共生，助け合い，協力，などといった住民自治組織の考え方に立たない限り，自分と家族の安心・安全すら確保できない現代社会になったのだと考えられる。自分の子どもの通学路の安全を守っているのは自分

や妻（夫）ではなく，地域に暮らす高齢者をはじめとする住民の暖かいまなざし・見守りなのである。

核家族化した現代社会においては特に，自分と家族の安心・安全を確保・実現するためには地域社会の中での共生・協力が欠かせないことを，未加入者によく理解してもらえるような取り組みが必要である。

5．会長自身について
(1) 会長以外に兼職している役職数

会長職以外に兼職している数とその割合は，図表 4-15 と図表 4-16 のとおりであった。

図表 4-15　会長職以外の兼職数

N＝224

	最小値	中央値	平均値	最大値
兼職数	0	3	4	30

（出所：筆者作成。）

自治会長・町内会長は，会長職のほか平均 4 個の職を兼任している。会長が兼職することの多い職に，連合会の役員がある。連合会に加入すれば，各単位団体の会長の中から連合会の会長以下役員を選出することになる。自分の自治会・町内会をまとめると同時に，近隣を含めたより広い地域社会でおきる事柄について対応するというのは，極めて重い任務になる。

図表 4-16　会長職以外の兼職数割合

N＝224

	人	割合
0 個	34	15.2%
1-5 個	138	61.6%
6-10 個	40	17.9%
11 個以上	12	5.4%

（注）　％は小数点以下第 1 位を 4 捨 5 入しているので，合計が 100 にならない。

（出所：筆者作成。）

(2) 自治会長・町内会長としての年間活動日数

会長としての年間活動日数は，図表 4-17 のとおりである。

図表 4-17　年間活動日数

N=180

	最小値	中央値	平均値	最大値
活動日数	2	80	99	365

（注1）　不明が 49 団体あった。
（注2）　8 時間を 1 日としている。
（出所：筆者作成。）

　自治会長・町内会長としての活動日数は，活動時間 8 時間を 1 日に換算した場合，最小値は 2 日，最大値は 365 日，中央値は 80 日，平均値は 99 日であった。会長は，平均すると，毎週 2 日間をその職務遂行に費やしているわけである。毎週末がほぼつぶれている計算であり，すでに述べた負担感を裏付ける結果となっている。

(3) 自治体からの「委嘱」の有無と報酬月額

　自治体から各会長への「委嘱」の有無と報酬の月額は，図表 4-18 のとおりである。

図表 4-18　行政委嘱の有無・報酬額等

N=228

1	委嘱された	146	64.0%				
	ア　無報酬	95					（円）
	イ　報酬あり	45		最小値	中央値	平均値	最大値
	月額（円）			345	15,000	72,807	880,000
	NA	6					
2	されていない	75	32.9%				
3	無回答	7	3.1%				

（注1）　報酬は，年額の場合月額に換算した。
（注2）　報酬月額は，金額の記載があった 32 団体のもの。
（出所：筆者作成。）

　会長になったことで自治体から行政委嘱があったかどうかについては，委嘱

された会長が64.0％（146人）あり，委嘱されなかった会長は32.9％（75人）であった。委嘱された者のうちの65.1％（95人）が無報酬であった。

こうした行政委嘱は，会長職の負担感につながっている可能性があり，行政委嘱問題として別途検討される必要がある。

(4) 会長に対する会からの報酬の有無と月額

自治会・町内会から支払われている会長報酬の有無と月額は，図表4-19のとおりである。

図表4-19　会長報酬の有無と月額

N=228　　　　　　　　　　　　　　　　　　　　　　　　　　　　（円）

				最小値	中央値	平均値	最大値
1	報酬あり	118	51.8%				
	月額（円）			500	10,000	21,321	300,000
2	報酬なし	108	47.4%				
3	無回答	2	0.9%				

（注1）　報酬は，年額の場合月額に換算した。
（注2）　報酬月額は，金額の記載があった32団体のもの。
（注3）　割合は，小数点以下第1位を4捨5入しており合計が100にならない。
（出所：筆者作成。）

自治会・町内会から会長に対する報酬の支払いは，「あり」が51.8％（118），「なし」が47.4％（108）と，ほぼ半数に分かれた。報酬がある場合の金額については，月額換算で，最少額の500円から最大額の300,000円まで広範囲に分布したが，中央値は10,000円，平均値は21,321円であった。

会長に対する報酬を考える場合，別途事務費が支出されているかどうかも，あわせて考える必要があるが，この調査では詳細が不明である。

(5) 会長になった動機

会長になった動機は，図表4-20のとおりである。過半数の会長に共通する動機は見られなかったが，主要なものとしては，「地域に対する愛情」（44.3％），「住民としての責務の自覚」（43.9％），「地域社会への貢献意欲」（41.7％）があげられる。

こうしたことから，会長職を育てるための促進要因として，地域住民や役職

者の中に，地域社会への愛情を育てることが有効と考えられる。

図表 4-20　会長になった動機

N＝230　　　　　　　　　　　　　　　　　　　　（複数回答）

		数	割合
1	地域に対する愛情	102	44.3%
2	昔、自分も地域の人の世話になったから	64	27.8%
3	会を通じて地域社会に貢献したい	96	41.7%
4	地域社会からの期待に応えたい	64	27.8%
5	住民の一人として当然の責務	101	43.9%
6	その他	43	18.7%

（出所：筆者作成。）

つぎに，「住民の一人として当然の責務」という考えは，市民の社会的責任（Civil 又は Citizen's Social Responsibility：CiSR[6]）という概念に結びつく。自治会長・町内会長は，そうした責務（義務）を自覚しているのでないか。100世帯からなる組織であれば，各世帯には会を維持していく責務が少なくとも1%，均等にあるはずである。そうした「責務を自覚すること」つまり「責務を自発的に引き受けること」が，自治の基本，地域住民による主体性発揮の基盤であろう。各世帯が1%の責務を共に担い合わなければ，100世帯が住む地域社会は健全に維持していけないからである。

確かに，行政部門が主権者たる国民から事務を負託されていることは事実である。その原資として国民が納税していることも事実である。しかし，わが国の憲法や地方自治法が期待している住民による自治（住民自治）は，住民一人ひとりがその責務を自覚することから始まるのではないだろうか。

住民自身の課題を，住民自身のために，住民自身の手によって（of the people, for the people, by the people）解決していく，そのための民主的な場・機会・組織として，自治会・町内会が機能しているのである。自治会・町内会は，まさに地域経営の主体として，地域政府と呼ぶことができるかもしれない。

そして，この取り組みの過程が，地域社会の中に，互酬性の規範・信頼・ネットワーク，主体性・公益性・無償性からなるボランタリズム，地域リー

ダーといった人材，伝統，文化を醸成していくのである。

(6) 会長をしていて「良かった」と思うこと

この項目については次項とともに第9章の経営管理者論で別途考察するので，いくつかの重要点を指摘するにとどめたい。

まず，「地域の人達と知り合えたこと」や「地域の事情に詳しくなったこと」などを挙げる会長が多い。「会長をしていて良かったと思うこと」というのは，会長が職務遂行をするうえでの動機づけ要因になっている可能性がある。

また，「イベントで祭り盆踊り等で楽しかったとの声があった時[7]」という声は，経済企画庁（2000）の指摘のとおり，感謝の表明がボランティアにとって最大の「報酬」（誘因又はねぎらい）であることと一致している。

あるいは，「多くの人と話ができること[8]」を挙げる会長も多かったが，こうしたことは，会長になることが，地域住民とのコミュニケーションや信頼の構築に好影響がある可能性を示している。

さらに重要な指摘は，「地域のことがもっと好きになれた[9]」という女性会長の言葉である。地域の多くの人達とコミュニケーションをとり，知り合い，地域のこと（良い面も悪い面も）により詳しくなることが，地域のことがもっと好きになることに結びついている。

ただし，そのことのためには，多くの時間を費やし，人間関係での嫌な思いもし，労力を注ぎ続ける必要があるのである。こうした意見・感想をみると，自らが人と地域に関わることを抜きにして，人と地域を豊かにしていくことはできないのではないかと考えられる。まさに，地域住民自身が解決していくこと，つまり住民自治のプロセスが重要なのである。そして，そのプロセスを通して，自分自身も豊かになるのである。

こうしたことについて，P.F.ドラッカーの言葉を借りるならば，「非営利組織は『人間変革機関』であり，その製品は『変革された人間である』[10]」という指摘がまさにあてはまる。自治会・町内会は，自治的住民の変革機関（孵卵器）であり，その産出物は自治的住民と住民自治である。

(7) 会長をしていて「つらい・苦しい」と思うこと

この質問は，会長が職務遂行するうえでの障害となる可能性のある要因をたずねている。この項目についてもいくつか指摘しておきたい。

まず，「自分の時間がないこと」など時間的制約についての記述が多かった。つづいて，「行政は地域まかせである」，住民は「自己中心的な人が多く，文句ばかり言われる」という意見があった。自治会長・町内会長は，行政と地域住民との板挟みになっている。

また，「体力不足[11]」や地域住民が「苦労を理解してくれない[12]」ことも，つらく苦しいことである。

このように，地域社会のために苦労をしても理解されないのでは，会長はつらく・苦しい。会長・役員のモチベーションアップのためには，他の役員・組長・住民からの「理解の言葉」「ねぎらいの言葉」が有効であることは，前述のとおりである。

おわりに

前章までみたように，自治会・町内会の機能，会長の属性，加入率の傾向，自覚されている問題点などが，先行調査で明らかになっていた。

しかし，単位自治会・町内会レベルの全国的な傾向，全国各地に所在する団体の財務状況，会長の職務遂行上の動機づけとなる要因や，逆に職務遂行の障害となる可能性のある要因などについては明らかになっていなかった。

そこで，独自調査を実施し，単位自治会・町内会レベルの全国的な傾向，会長の活動に関して動機づけになる要因と障害になる要因，自覚されていなかった経営上の諸課題などが，いくつか明らかになった。

以下，今回の調査で特に明らかになった点について，要約しよう。

① 行政委嘱廃止（辞退）と行政からの独立・自立の重要性

自治会・町内会が独自に，自立的に経営できるための課題として，行政委嘱廃止（辞退）と行政からの独立・自立の問題が指摘できる。

会長が自治体の行政連絡員など，非常勤・特別職の地方公務員に任ぜられるのを辞退し，行政から独立・自立して対等な関係を確立することが大切であ

る。住民自治組織のリーダーたる会長が，非常勤・特別職とは言え，自治体の職員として辞令を受け，しかも場合によって報酬を得るというのは，住民組織の自立の点でも，住民自治を守る点でも，重大な問題である。

② **役員のなり手不足の理由**

会長が考える役員のなり手不足の理由としては，第1に「時間的負担」（80.6％），第2に「精神的負担」（58.2％），第3に「仕事への支障」（49.8％）である。こうした諸点を具体的に解消するための手だてを打てれば，なり手不足を緩和できる可能性がある。

③ **会長の多忙さ解消の重要性**

役員のなり手不足の理由の第1は役員になることの「時間的負担」だと会長たちは考えているが，また，会長自身も「つらい・苦しいと思うこと」として，多くの者が時間的多忙さを言っている。

会長は，会長職のほかに平均4つ兼職しており，年間活動日数も平均99日に及ぶため，会長の時間的負担の減少に具体的に取り組む必要がある。

時間的負担の解消のためには，自治体からの行政委嘱の廃止と依頼業務の削減，重複組織の分離・独立化，役員内での任務分担（分権），専従事務員の雇用又は配置などが考えられる。

④ **会長の職務遂行の障害となる要因**

会長をしていて「つらい・苦しいと思うこと」について，自由記入回答272件をKJ法[13]によりまとめたところ，第1グループは「住民は言いたいことを言う一方，会には非協力的で理解が薄い」（74件），第2グループは「極めて多忙である」（71件），第3グループは「会の運営がうまくできない」（47件），第4グループは「私生活に悪影響がある」（24件）などであった。こうした諸点を具体的に解決することで，会長の職務遂行上の障害を低減・除去できる可能性がある。

⑤ **会長になった動機**

会長になった動機について，第1は「地域に対する愛情（44.3％）」，第2は「住民としての責任感（43.9％）」，第3は「地域社会への貢献意欲（41.7％）」であった。地域に対する愛情を育むことが，役員のなり手不足解消に結びつく可能性がある。

⑥ 会長の職務遂行の動機づけとなる要因

会長をしていて「良かったと思うこと」について，自由記入回答312件をKJ法によりまとめたところ，第1グループは「町内会長をすることで地域のソーシャル・キャピタルを増進できる」（144件），第2グループは「地域のことが良くわかるとともに，地域の課題解決に貢献できる」（100件），第3グループは「会長を経験すると人間的に成長できる」（48件）などというものであった。こうした実感を得られるように会を運営することで，会長の職務遂行意欲を増進できる可能性がある。

⑦ 加入しない理由と加入メリットの実感できる事業実施の重要性

未加入者が加入しない理由として会長が考えるものは，第1に「他人に関りたくない」（52.6%），第2に「地域社会に対する愛情がない」（51.6%），第3に「加入することの利点（メリット）がない」（48.4%）である。自治会・町内会活動を考えるうえで，こうした諸点に好影響を与えられるような事業展開ができれば，未加入者問題を緩和できる可能性がある。

つまり，地域社会への愛着心を育てられるような事業の実施が重要である。また，加入するメリットが感じられるよう，避難訓練をはじめとする防災訓練や，子ども・独居高齢者向けの防犯活動など，住民同士が触れあえる参加体験型の事業の実施と，それらの効果的なプロモーションが必要だと考えられる。

⑧ 地域への愛情を育むことの人材育成効果などへ可能性

⑤で述べたように，会長になった動機の第1は，「地域に対する愛情」であった（44.3%）。地域のリーダーである会長職を育成するためには，地域住民や役職者の中に，地域社会への愛情を育てることが間接的に有効と考えられる。

また，⑦で述べたように，入会しない住民の理由として，「地域社会に対する愛情がない」からだと答えた会長が，51.6%いた。入会者を増やすためにも，住民の地域への愛情を醸成できるような場づくり・機会づくりが有効だと考えられる。

以上のことは，今回のアンケート調査を含めての，自治会・町内会の抱える課題などに関する考察結果の一部である。

地域住民を自治的人材に育成することや，会長の経営管理者としての責務にかかわることは，第8章と第9章において立ち入って分析・検討される。しかし，財務状況のさらなる分析と検討は，今後に残された研究課題である。

注
1 「参加」は，本来出席者数であるが，一部に委任状を含む場合がある。
2 東北都市社会学研究会（2006）でも，この「集金マシーン化」問題を指摘している。
3 K町内会，静岡県三島市，983世帯加入，♯1,356。
4 N自治会，1,440世帯加入，♯907。
5 H自治会，♯991。
6 企業の社会的責任（Corporate Social Responsibility）が一般的にCSRと表記されるが，市民の社会的責任（Civil 又は Citizen's Social Responsibility）と区別するために，前者をCoSR，後者をCiSRと表記すると好都合である。
7 T自治会，♯757。
8 N自治会，千葉県船橋市，1,200世帯加入，♯1,034ほか。
9 Y自治会，沖縄県中頭郡読谷村，200世帯加入，♯2,173。
10 Drucker (1990, p. xiv, 邦訳1991, p. 5)。
11 M町内会，東京都町田市，700世帯，♯518。
12 N自治会，千葉県船橋市，1,200世帯加入，♯1,034。
13 KJ法は，川喜多二郎が開発したデータ処理方法で，自由記入回答といった文字列（定性的データ）を総合化・構造化する方法として著名である。詳しくは，川喜田（1967；2008）を参照されたい。

【参考文献】
Drucker, Peter F. (1990) *Managing the Non-Profit Organization: Practices and Principles*, HarperCollins Publishers.（上田惇生・田代正美訳『非営利組織の経営―原理と実践―』ダイヤモンド社，1991年。）
川喜田二郎（1967；2008）『発想法 83版』中央公論新社。
経済企画庁（2000）『国民生活白書（平成12年版）』大蔵省印刷局。
東北都市社会学研究会（2006）「地方中枢都市における変貌する町内会の現状とその行方―2005年仙台市町内会・自治会調査結果報告書」(http://www.sal.tohoku.ac.jp/~ito/atus/sendai2005-report.pdf, 2008/12/9)。

第5章

自治会・町内会の組織論

はじめに

本章では，組織論の光を自治会・町内会に照射し，新たに見えてくる諸点について論じよう。

まず，第1節で組織論を構成する諸テーマの概要について述べ，第2節では組織の定義について確認する。

続く第3節以降では，組織論を構成する各論が多岐にわたることから，各論の主要なものとして，組織均衡論，組織環境論，組織構造論をとりあげ，これらについて立ち入って検討し，自治会・町内会の組織的特徴を明らかにする。

第1節　組織論を構成する諸テーマの概要

本節では，組織論を構成する諸テーマについて確認しよう。

組織論を構成する諸テーマについては，研究者により異同が小さくない。若干の邦人研究者の著書を例にあげ，組織論を構成するテーマについて比べたものが図表5-1である。共通するテーマがいくつかあるものの，極めて多岐にわたっていることがわかる。

こうした状況を，川端（1995）は，「組織論がジャングル状態である[1]」と指摘している。

また，「組織論の全体を見通すのが困難なまでに研究が多元化し，また研究の専門分化が分野を超えた研究の交流を難しくしている事実を認めざるをえない[2]」という。

本章では，図表5-1の諸テーマのうち，比較的とりあげられることの多いも

のを中心に，次節各項のとおり，組織の定義，組織均衡論，組織境界論，組織環境論と戦略，組織構造論について，立ち入って検討と考察を加えたい。

図表 5-1　組織論を構成するテーマ

区分	泉田・代田 (1987)	森本 (1991)	齊藤ほか (2003)	岸田 (2009)	桑田・田尾 (2010)
組織の定義	○	○	○	○	○
人間関係論	○				
モチベーション論	○	○			○
リーダーシップ論	○	○			○
意思決定論	○	○	○		○
組織均衡論			○		○
組織形態論	○	○	○		
組織構造論		○	○	○	○
システム論				○	
権限論	○				
組織環境論		○	○	○	○
組織間関係論		○		○	○
組織デザイン論			○	○	○
組織文化論			○	○	○
コンフリクト論		○			○
組織ライフサイクル論					○
組織学習論		○	○	○	○
非営利組織論					○
ネットワーク組織論				○	○
日本型組織論	○				
戦略論		○		○	
相互行為論			○		

（出所：各文献に基づき筆者作成。各区分から漏れるものもある。）

第2節　組織の定義

　ここでは，本章で取り扱う組織の定義について，確認しよう。
　近代組織論の父とされる Barnard（1938，邦訳 1968）は，現実的に存在し，われわれが日常参加している協働体系について，次のように定義している。

　　「協働体系とは，少なくとも1つの明確な目的のために2人以上の人々が協働することによって，特殊の体系的関係にある物的，生物的，個人的，社会的構成要素の複合体である。かかる体系は，ある観点からみると，明らかにより大きな体系の下位単位であるが，また他の観点からみるとそれ自体のなかにはいくつかの補助体系——たとえば物的，生物的などの——が含まれている[3]。」

　また，その協働体系から抽出された組織の概念を「意識的に調整された人間の活動や諸力の体系[4]」と定義し，そうした組織は「あらゆる協働体系に共通する協働体系の一側面」であるとする。
　さらに，組織は，公式組織と非公式組織に区分できることを指摘し，公式組織の定義については，「2人以上の人々の意識的に調整された活動や諸力の一体系[5]」とし，公式組織が成立するための3要素として，①伝達（コミュニケーション），②貢献意欲，③共通目的をあげている[6]。
　また，非公式組織については，それは「個人的な接触や相互作用の総合，および・・・（中略）・・・人々の集団の連結を意味する」とし，「不明確なものであり，むしろきまった構造をもたず，はっきりした下部単位をもた」ないこと，また「非公式組織は無意識的な社会過程から成り立っている」もので，「非公式組織の最も一般的直接的な結果は，慣習，しきたり，風俗，制度，社会規範，および理想などである[7]」と述べている。
　さらに，公式組織と非公式組織との関係については，「公式組織は非公式組

織から発生し，非公式組織にとって必要なものである。しかし，公式組織が作用し始めると，それは非公式組織を創造し，必要とする[8]」としている。

ここでは，バーナードのいう組織の概念が，日常的・社会的に使用される組織の概念と異なる点をおさえておこう。現実世界で具体的に存在するのは協働体系であり，バーナードのいう組織は一般的・抽象的概念である。

しかし，そのように確認したうえで，なお本章においては，本来，協働体系という用語を使用すべきところ，多くの論稿においてバーナードのいう協働体系を指す用語として組織を使用していることにならい，以後，協働体系を意味する用語として，組織を使用することとする。

第3節　組織均衡論

組織の行動やそのメカニズムを解明するための枠組みとして，組織均衡論が有効だとされる。

組織均衡論の有効性について，桑田・田尾（2010）によれば，「組織均衡論のみが，内部環境と外部環境を区別する境界，ミクロ（個人）レベルの問題とマクロ（組織）レベル組織の短期適応と長期適応などを統一的に把握できる唯一の理論[9]」とされる。

また，組織均衡論は，組織が成立・存続していくための条件を明らかにした（March and Simon 1958，邦訳 1977）。

桑田・田尾（2010）によれば，組織均衡論の中心的公準は，以下の5項目である[10]。

① 組織は，組織の参加者と呼ばれる多くの人々の相互に関連した社会的行動の体系である。
② 参加者それぞれ，および参加者の集団それぞれは，組織から誘因を受け，その見返りとして組織に対して貢献を行う。
③ それぞれの参加者は，彼の提供される誘因が，彼が行うことを要求されている貢献と，（彼の価値意識に照らして，また彼に開かれた代替的選択

肢に照らして測定して）等しいかあるいはより大である場合にだけ，組織への参加を続ける。
④ 参加者のさまざまな集団によって供与される貢献が，組織が参加者に提供する誘因をつくり出す源泉である。
⑤ したがって，貢献が十分にあって，その貢献を引き出すのに足りるほどの量の誘因を提供している限りにおいてのみ，組織は「支払い能力がある」──存在し続けるであろう。

上記公準中の参加者の定義は，幅広くとらえられている。単に従業員のみならず，資本提供者，生産手段提供者に加え，顧客も含まれるとされる。それぞれは，組織が提供する誘因を獲得するために，自らが持つものを貢献として提供する。したがって，各参加者は，受け取る誘因が提供する貢献と同等か大きくなければ，貢献し続けなくなるとする[11]。

このように，組織均衡論は，極めて明瞭で，分かりやすい仮説である。

第4節　組織境界論

1. 組織境界について

第2節において，組織の定義について確認したが，組織を定義することは，同時に組織の境界と環境を区分することにつながる。

前節においては，組織参加者について，幅広くとらえる考える方に基づいて考察をしたが，改めて，本節において，組織の境界について検討し，考察を加えよう。

全ての利害関係者を組織参加者とする考え方もあるが，それでは，われわれが日常的に観察する協働体系としての組織の認識と異なる姿になってしまう。例えば，生産財の提供者は利害関係者に含まれるが，経験的には，われわれは生産財提供者が組織を構成する者であるとは認めていない。

以下の項において，組織のドメインによる定義と Barnard（1938，邦訳1968）の組織論に依拠した定義とを検討しよう。

自治会・町内会における組織境界決定の問題は，重要な問題である。

なぜなら，自治会・町内会は，その組織構造において，様々な姿をもっているからである。

一方，組織境界を決めないと組織構造は議論できない。

自治会・町内会において，子ども会や老人会を組織の内部と見るか，外部と見るか，という問題がある。広い範囲では含まれるが，狭い範囲では除かれることになる。

2．組織のドメインによる定義

桑田・田尾（2010）によれば，組織均衡に参加する参加者，参加者から組織が受け取る貢献，及び，組織が参加者に支払う誘因（報酬）という3つの要素によって決定される空間を組織のドメインと定義するという考え方がある[12]。

このドメインによる境界概念を採用すると，組織における管理活動として，外部環境にある人々に働きかけて組織に参加させることと，組織内部に参加したメンバーから適切な活動を抽出することが，区別されることになるという[13]。

こうした考え方は，マーケティングや競争戦略の考え方と符合し，有益な面がある[14]。

3．バーナードに依拠した定義

組織の境界を確認するに際しては，Barnard（1938，邦訳 1968）のいう公式組織が成立するための3要素である，①伝達（コミュニケーション），②貢献意欲，③共通目的の確認が有効である。

Barnard（1938，邦訳 1968）の組織の定義は抽象的・一般的であり，その境界については具体的に示されていないが，組織が「2人以上の人々の意識的に調整された活動や諸力の一体系」であるならば，桑田・田尾（2010）が指摘するように，「『意識的調整』が及ぶ範囲内を内部環境，その範囲外にある諸要因を外部環境とする考え方[15]」は，われわれが経験する組織の概念に近い。

この概念に従えば，投資家，供給業者，顧客などは外部環境を構成することになり，従業員や経営層，オーナーは内部環境を構成することになる[16]。

本章においては，この考え方に従うこととする。

第5節　組織環境論と戦略

　組織は，外部環境との相互作用の中に存在している。
　前節で検討したように，従業員や経営層，オーナーが内部環境を構成する一方，投資家，供給業者，顧客などは外部環境を構成している。
　ここで，組織がつくられるときの条件について，Simon（1983, 邦訳 1984）が示した次の命題は，「組織理論の基本定理」と呼ばれる。

　　「社会の常規的または反復的諸要求が，複数の専門化した集団あるいは組織単位をつくることによって，各々の組織単位がひとつの問題を処理している間に，別の組織単位は他の問題を処理しているという仕方で，同時並行的に処理することができる[17]」。

　この命題の意味するところについて，桑田・田尾（2010）は，「第1に私たちの合理性に限界があるため，環境の複雑さをそのまま扱うことが困難であること。したがって第2に環境を互いに独立した部分に分割して，それぞれの部分に専門的に対応する部分をつくることによって対処できる場合に，組織がつくられることを示している[18]」とする。
　つまり，組織は，直接的には外部環境全体の中の一部分とのみ交渉しているのである。
　ここから，組織が自らの交渉先としての環境を選択できるという考え方が出てくる。
　組織を取り巻く環境は，「組織に対して間接的に影響を与える『一般的環境（general environment）』と，組織や部門と直接相互作用をもつ『特定的環境（specific environment）』と」に区別される[19]。
　この特定的環境を，組織ドメイン[20]と呼ぶことができる。
　組織の設立者は，最初にこの組織ドメインを決定する。つまり，どこから必

要な諸資源を獲得し，誰へ財やサービスを提供するか，続いて，そのために必要な諸資源の量と質や販路を検討することになる。

そして，こうした検討と決定は，経営戦略に属する。

戦略に関して，組織が「どんな業種に従事し，将来どんな業種に進出するべきかを決める」ことは，「戦略的な問題」であり，そうした選択を「戦略的意思決定」と，Ansoff（1965, 邦訳 1969）は定義している[21]。

そして，その主要な決定事項として，「諸目標および最終目標，多角化戦略，拡大化戦略，管理面の戦略，財務戦略，成長方式，成長のタイミング」をあげている[22]。

組織ドメインの決定とともに決めるべきは，事業ドメインである。

事業ドメインの決定は，経営戦略論でいう「製品－市場戦略」を意味している[23]。

事業戦略に関して，Porter, Takeuchi and Sakakibara（2000, 邦訳 2000）は，「自社がどういう種類の顧客に対して，どのような製品群を提供し，どのようなニーズに応えようとするのかを決定することは，戦略策定の基本である[24]」とする。事業ドメインを決定することもまた，戦略的決定である。

しかし同時に，「それ以外の顧客，ニーズ，機能やサービスを提供しないと決定することも，戦略策定の基本である[25]」という Porter, Takeuchi and Sakakibara（2000, 邦訳 2000）の指摘は，事業ドメインの決定における重要な指摘である。

事業ドメインとは，組織ドメインのうち，原材料の供給から商品の販売にいたる一連のビジネス・プロセスにかかわるサブ・ドメインである[26]。

ここで，桑田・田尾（2010）は，事業ドメインについて，顧客サイドから見れば，顧客と商品を変数にもつ関数として表現できるとし，供給サイドから見れば，供給業者と生産資源を変数にもつ関数として表現できるとする[27]。

このとき，後段については，何を自社内で製造し，何を外部から調達するかという「内部化の意思決定」を含んでいるとする[28]。

この内製・外注の決定は，組織の境界画定を左右する。

第6節　組織構造論

　組織が存続するためには，一定以上の有効性と能率を達成しなければならない[29]。

　ここにおいて，有効性とは，組織の目的達成度であり，能率とは，組織参加者の満足度である[30]。

　また，March and Simon（1958，邦訳 1977）によれば，合理性に限界のある人間は，組織に「構造（structure）」をもたせることによってはじめて，一定以上の有効性と能率を達成するという条件を，満たすことができるとされる[31]。

　あるいは，桑田・田尾（2010）によれば，組織が一定以上の能率を達成するためには，分業にもとづく専門化の利益が，分断された業務を総合するコストよりも大きいことが必要であるが，組織は構造をもつことによって，統合のコストを低く抑えつつ，専門化の利益を発揮しようとするのである[32]。

　ここで，桑田・田尾（2010）は，「構造」の定義について，「社会体系の場合，『構造』を『繰り返し観察できる』という意味で『安定的』な『要素の連結パターン』と理解するのが適当であろう[33]」としている。

　一方，この構造の定義から，組織と環境との関係について，以下の仮説が導出できるとされる。

　つまり，組織が安定的な要素の連結パターンを構造として持つということは，組織をとりまく環境の変化に対して，大きく分けて2とおりの適応が考えられるということである。

　ひとつは，安定的な要素の連結パターンの中で，環境変化を吸収・処理できる場合であり，それは短期適応と定義される。

　もうひとつは，安定的な要素の連結パターンの中では，環境変化を吸収・処理できないため，安定的な要素の連結パターンをくずさざるをえない場合であり，それは長期適応と定義されるのである[34]。

　組織は，環境変化に対して，この短期適応と長期適応を繰り返えしつつ，存

続していると考えられる。

　したがって，組織の構造を考えるときは，この短期適応と長期適応の両者を視野におくこととなる。

　一方，ここで留意すべきことは，安定的な要素の連結パターン（構造）の存在が，漸進的な環境変化に対しては組織の安定的存続を担保するが，その随伴的結果として，急進的又は不連続な環境変化に対しては，逆に，組織の適応準備を怠らせる要因になることである。

　急進的又は不連続な環境変化が多い時代や社会では，むしろ，安定的な要素の連結パターン（構造）を持たない方が環境適応的である可能性がある。

　自治会・町内会の場合，長い歴史の中で組織構造が鍛えられてきたと考えられる。そうであるとすれば，自治会・町内会の組織構造から学ぶところがあるかもしれない。

第7節　自治会・町内会の組織構造

1．団体個人統合型

　自治会・町内会は，会長をはじめとする役員と事業分野ごとの下部組織を持っている。

　自治会・町内会の役員構成の一例を挙げれば，第1章の図表1-1で示したようになっている。

　大木根町内会の例でいえば，会長以下監査までが，総会を兼ねる組長会議において選出・確認される。

　子ども会や消防団分団など，地域にある他の組織については，その会長などが町内会の役員に自動的になる。

　また，民生委員児童委員，保護司，体育指導委員（スポーツ指導委員）などのように，町内会長の推薦にもとづき，国・自治体から行政委嘱される特別職の非常勤職員たる地位をもつものも，自動的に町内会役員とされる。

　このようにして，町内のあらゆる分野の事業に関わる組織と人のうち，地域の意思決定に責任と義務のあるアクターが皆揃うのである。

図表 5-2 自治会・町内会の組織構造モデル：A型

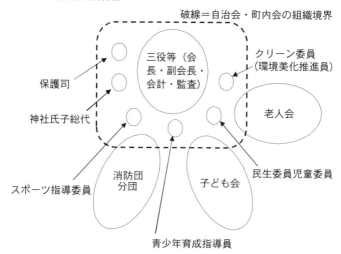

A型：団体個人統合型

特徴：役員に各単位団体の長等が含まれる。
　　　各単位団体の長は、各々の団体で選出される。
　　　地域のステイクホルダーを統合している。
　　　自治会・町内会は、全てのニーズに応えようとしている。

（出所：筆者作成。）

　こうした自治会・町内会の役員構成をひとつの典型に描けば、図表5-2のように描ける。これを、A型：団体個人統合型と名付けよう。
　この場合、組織境界は広くない。核となる三役（被選挙者）を中心に、地域選出の役員（一部は行政委嘱の非常勤職員）に加え、地域組織の代表者などにより構成される。地域における意思決定に関与する、あるいは責任がある、すべてのアクターを集結していることがわかる。
　ただし、組織境界から外側の他の地域組織は、単独組織として独立しており、総会を自律的に開き、役員選任や会計事務も独自に行っている。むしろ、組織間関係論において論じられるべき関係を有しているといえる。

2．専門部・事業部型

　中島（1990）が明らかにしたように，自治会・町内会の組織機構も，時代が移り住民のニーズが変化することにより，それまで存在していた内部組織を廃止し，新しい内部組織を編成することが知られている。

　こうした事例は，組織の環境適応（長期適応）と理解できる。つまり，自治会・町内会にも，その内部組織や組織構造を，変化させつつ時代のニーズに応答してきたものがあるのである。

　一方，規模が大きい開発団地などに立地する自治会・町内会の場合について，機能別の内部組織を例として挙げれば，総務部，防犯・防災部，交通対策部，福祉部，環境・衛生部，体育部，文化部，老人会，婦人会，子ども会育成部，子ども会などである。

図表 5-3　自治会・町内会の組織構造モデル：B 型

B型：専門部・事業部型

破線＝自治会・町内会の組織境界

```
┌─────────────────────────────────────┐
│  ┌─────────┐      ┌─────────────┐   │
│  │ 三役等  │      │福祉部（民生 │   │
│  │         │      │委員 児童委員）│  │
│  └─────────┘      └─────────────┘   │
│                   ┌─────────────┐   │
│                   │  老人部     │   │
│                   └─────────────┘   │
│         ┌─────────────┐             │
│         │青少年部（青少年│          │
│         │育成指導員）  │            │
│         └─────────────┘             │
│  ┌─────────┐  ┌─────┐              │
│  │環境部（環│  │婦人部│              │
│  │境美化推 │  │      │              │
│  │進員）   │  └─────┘              │
│  └─────────┘                        │
│  ┌─────────┐ ┌───────────┐ ┌──────┐│
│  │交通対策 │ │文化体育部 │ │消防・││
│  │部（交通 │ │（スポーツ │ │防災部││
│  │安全指導 │ │指導委員） │ │      ││
│  │員）     │ │           │ │      ││
│  └─────────┘ └───────────┘ └──────┘│
└─────────────────────────────────────┘
```

　特徴：各単位団体・個人が内部組織を構成している。
　　　　各専門部の長・部員は，自治会・町内会の総会で選出される。
　　　　自治会・町内会は，全てのニーズに応えようとする。

（出所：筆者作成。）

福祉部には，民生委員児童委員や社会福祉協議会から委嘱された福祉推進委員などが所属する。

環境・衛生部には，環境美化推進委員などが所属する。

体育部にはスポーツ指導委員が，防犯・防災部には，地区防犯組織・自主防災組織が属する。消防団や婦人防火クラブがあれば，関係団体として日常的に協働関係をつくる。

交通対策部には交通安全指導員などが所属し，青少年部には青少年育成指導員などが所属し，子ども会を育成指導する。

それぞれの下部組織は予算を配当され，総会で決められた事業計画に沿って事業を実施する。

そうした組織構成を図にすれば，図表5-3のように描ける。これを，B型：専門部・事業部型と名付けよう。

図表5-3をみれば，自治会・町内会の組織構造は，企業の事業部制組織構造に似ているといえる。提供するサービスの大きな束ごとに部組織ができている。

意思決定のためのシステムとしては，年に1回の総会のほか，役員会と各部会議，各組（班）から選出された組長（班長）から構成される組長（班長）会議が，定例的に開催されている。

3．一部独立・分離型

近年，地域住民からのニーズの増加・多様化や変化に伴って，自治会・町内会から発展的に独立していくボランティア組織やNPOの存在があることから，図表5-3の組織類型も固定的なものでないことがわかっている。図示すれば，図表5-4のようなモデルとなる。こうした型を，C型：一部独立・分離型と名付けよう。

例えば，あしたの日本を創る協会『まち　むら』103号のルポ「地域住民の力で送迎活動やコミュニティバスを自主運営」によれば，神奈川県横浜市泉区にある下和泉住宅自治会では，「自治会から分離独立したNPO法人や自主運営組織が，独立採算の形で運営[35]」されている。

このほか，大野真鯉（2010）は，自治会・町内会から福祉系NPOが創出さ

図表 5-4　自治会・町内会の組織構造モデル：C 型

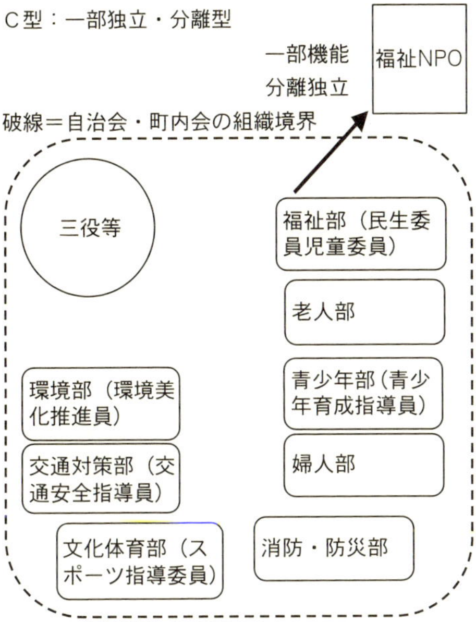

C 型：一部独立・分離型

一部機能分離独立 → 福祉NPO

破線＝自治会・町内会の組織境界

組織内の部門：
- 三役等
- 福祉部（民生委員児童委員）
- 老人部
- 環境部（環境美化推進員）
- 青少年部（青少年育成指導員）
- 交通対策部（交通安全指導員）
- 婦人部
- 文化体育部（スポーツ指導委員）
- 消防・防災部

特徴：自治会・町内会は，一部のサービス提供部門を外部化する。
　　　専門部の一部がNPOとして独立する。
　　　独立したNPOは自治会・町内会員以外にもサービスを提供する。

（出所：筆者作成。）

れるプロセスについて事例を基に研究している[36]。

　この型の新しいところは，地域限定の住民組織から生まれた独立組織が，その地域以外の者にもサービス提供する点である。非営利とはいえ，コミュニティビジネスに近い事業形態といえる。

4．ネットワーク型

　自治会・町内会からのこうした独立・分離が発展すると，将来的には，図表 5-5 のようなモデルが構想できる。これを，D 型：ネットワーク型と名付けよう。

　現在のように人口が減少し高齢化が進んで行くと，各々の地域社会において

図表5-5 自治会・町内会の組織構造モデル：D型

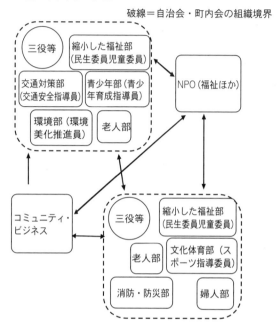

特徴：個々の自治会・町内会は，全てのニーズに応えることができなくなる。
各組織が相互に補完し合い，やや広域の地域住民にサービスを提供し合う。

（出所：筆者作成。）

独自にニーズを実現できるような組織の数と質を維持できなくるのではないかと考えられるのである。各組織は，その規模を縮小せざるをえなくなるであろう。

そうした時に有効な対策は，各組織がすべてのニーズを各々実現しようとするのではなく，一部のニーズの実現にのみ責任を持ち，他のニーズの実現については，近隣の組織からのサービス提供に依存する。あるいは，NPO やコミュニティビジネス組織に依存するのである。

また，連合自治会・町内会，社会福祉協議会地区部会，PTA，民生委員児

童委員協議会地区部会などとの連携も重要な点である。

こうした姿は，組織間関係論やネットワーク組織論において検討・議論されるべきものであろう。

おわりに

組織論を構成する諸テーマは多岐にわたるが，本章においては，組織論の視点から自治会・町内会に対して光をあて，組織の定義，組織均衡論，組織境界論，組織環境論と戦略，組織構造論などについて，検討と考察を加え，その組織的姿を素描した。

その中でわかったことは，自治会・町内会が固定的な組織構造を維持しているだけではなく，地域住民のニーズの増減や多様化・変化に応じて，自らの内部組織構造について長期適応させているものがあるということである。

そして，本章では，現存する自治会・町内会の組織構造や現在起きつつある組織的変化に基づいて，自治会・町内会の組織構造に関し，筆者は4つのモデルを示した。それらは，A型：団体個人統合型，B型：専門部・事業部型，C型：一部独立・分離型，そして，D型：ネットワーク型である。

今後は，これらの型の発展過程や動態について，さらに研究が必要である。

（本章は，『関東学院大学経済経営研究所年報』（2012年3月）掲載の研究ノートを加筆・修正したものである。）

注
1　川端（1995, p. 4）。
2　川端（1995, p. 2）。
3　Barnard (1938, p. 65, 邦訳 1968, p. 67).
4　Barnard (1938, p. 73, 邦訳 1968, p. 75).
5　Barnard (1938, p. 81, 邦訳 1968, p. 84).
6　Barnard (1938, p. 82, 邦訳 1968, p. 85).
7　Barnard (1938, pp. 115-116, 邦訳 1968, pp. 120-121).
8　Barnard (1938, p. 120, 邦訳 1968, p. 126).
9　桑田・田尾（2010, p. 41）。
10　桑田・田尾（2010, pp. 42-43）。
11　桑田・田尾（2010, pp. 43-45）。
12　桑田・田尾（2010, p. 50）。
13　桑田・田尾（2010, p. 50）。

14 桑田・田尾（2010, p. 50）。
15 桑田・田尾（2010, p. 51）。
16 桑田・田尾（2010, pp. 52-54）。
17 Simon（1983, p. 88）. 邦訳は，桑田・田尾（2010）による。
18 桑田・田尾（2010, p. 66）。
19 桑田・田尾（2010, p. 68）。
20 ドメインは，組織体を取り巻く環境の中で，組織体が活動し，生存していく特定領域を指す。ドメインには様々な分析単位があり，企業単位では企業ドメイン，事業単位では事業ドメイン，市場競争分析では競争ドメインという（中橋・柴田 2001, p. 264）。
　「組織ドメインとは，｛参加者，誘因，貢献｝からなる組織の生存空間である。」（桑田・田尾 2010, p.70）。
21 Ansoff（1965 pp. 18-21, 邦訳 1969, pp. 7-12）。
22 Ansoff（1965 pp. 18-21, 邦訳 1969, pp. 7-12）。
23 桑田・田尾（2010, p. 70）。
24 Porter, Takeuchi and Sakakibara（2000, pp. 89-90, 邦訳 2000, pp. 137-140）。
25 Porter, Takeuchi and Sakakibara（2000, pp. 89-90, 邦訳 2000, pp. 137-140）。
26 桑田・田尾（2010, p. 70）。
27 桑田・田尾（2010, p. 70）。
28 桑田・田尾（2010, p. 70）。
29 桑田・田尾（2010, p. 56）。
30 Barnard（1938, pp. 19-20, 邦訳 1968, pp. 20-21）。
31 March and Simon（1958, pp. 169-171, 邦訳 1977, pp. 258-261）。
32 桑田・田尾（2010, p. 56）。
33 桑田・田尾（2010, p. 58）。
34 桑田・田尾（2010, p. 59）。
35 ルポ「地域住民の力で送迎活動やコミュニティバスを自主運営」（あしたの日本を創る協会『まち　むら』103 号, 2009 年 4 月, pp. 8-10）。
36 大野真鯉「町内会・自治会が福祉系 NPO を創出するプロセス：地域リーダーの役割に焦点をあてて」（日本社会福祉学会『社会福祉学』51 巻 3 号, 2010 年 11 月 30 日, pp. 78-90）。

【参考文献】

Ansoff, Harry I.（1965）*Corporate Strategy*, McGraw-Hill.（広田寿亮訳『企業戦略論』産業能率短期大学出版部, 1969 年。）

Barnard, Chester I.（1938）*The Functions of the Executive*, Harvard University Press.（山本安次郎・田杉競・飯野春樹訳『新訳　経営者の役割』ダイヤモンド社, 1968 年。）

March, James G., and Simon, Herbert A.（1958）*Organizations*, John Wiley and Sons.（土屋守章訳『オーガニゼーションズ』ダイヤモンド社, 1977 年。）

Porter, Michael E., Takeuchi, Hirotaka and Sakakibara, Mariko（2000）*Can Japan Compete?*, Macmillan Press.（竹内弘高著, 榊原磨理子協力『日本の競争戦略』ダイヤモンド社, 2000 年。）

Simon, Herbert A.（1983）*Reason in Human Affairs*, Stanford University Press.（佐々木恒男・吉原正彦（訳）『人間の理性と行動』文眞堂, 1984 年。）

あしたの日本を創る協会（2009）「地域住民の力で送迎活動やコミュニティバスを自主運営　神奈川

県横浜市泉区　下和泉住宅自治会」(あしたの日本を創る協会『まち　むら』103号, 2009年4月, pp. 8-10。)

泉田健雄・代田郁保 (1987)『現代組織論の焦点』白桃書房。

大野真鯉 (2010)「町内会・自治会が福祉系NPOを創出するプロセス：地域リーダーの役割に焦点をあてて」(日本社会福祉学会『社会福祉学』51巻3号, 2010年11月30日, pp. 78-90)。

川端久夫 (1995)『組織論の現代的主張』中央経済社。

岸田民樹 (2009)『組織論から組織学へ―経営組織論の新展開―』文眞堂。

桑田耕太郎・田尾雅夫 (2010)『組織論〔補訂版〕』有斐閣。

齊藤毅憲・藁谷友紀 (監修), 大月博司・高橋正泰 (編著) (2003)『経営組織』学文社。

中島熙八郎 (1990)「417 混住過程に見る集落自治組織の進化：農村集落の定住環境(伊万里市大川町)4(計画)」(日本建築学会『日本建築学会研究報告. 中国・九州支部. 3, 計画系 (8)』1990年3月, pp. 65-68)。

中橋國藏・柴田悟一 (2001)『経営戦略・組織辞典』東京経済情報出版。

森本三男 (1991)『経営組織論 (改定版)』放送大学教育振興会。

第 6 章

自治会・町内会のマーケティング論

はじめに

マーケティング論の大家であるフィリップ・コトラーは，かつてピーター・F・ドラッカーと行った対談の中で，マーケティングの定義について次のように述べたことがある[1]。

「私がこれまでに聞いたなかで最も簡潔な定義は，ニーズを発見し，それを満たしていくことというものです。」

コトラーのこの説明は，マーケティングの真髄とその幅広さを端的に表現している。マーケティングは，単なる販売やプロモーションではない。

自治会・町内会も地域住民に各種サービスを提供している組織である以上，地域住民の「ニーズを発見し，それを満たしていく」こと，つまりマーケティングから隔絶して存在できるものではない。

そこで，本章では，自治会・町内会に対してマーケティング論の適用を試みよう。

そもそも，自治会・町内会は，地域社会における唯一性・独占性・公共性・包括性[2]を持つ点で，地方自治体に似ている。また，自治会・町内会は，非政府・非営利，住民による自主的な組織であるなど，NPOの特徴も併せもつ。従って，自治会・町内会のマーケティング論を論じるためには，企業組織のマーケティング論を基礎としつつ，政府・公共団体のマーケティング論やNPOのマーケティング論をも援用し，分析・検討することとなる。

本章の概要は以下のとおりである。

まず，第1節「自治会・町内会が提供しているサービス」では自治会・町内会が実際に提供しているサービスについて確認し，自治会・町内会が地域住民

と自治体とを媒介する組織であることから，第2節「自治会・町内会に対するニーズ」において地域住民から寄せられるニーズと自治体から求められるニーズについて，それぞれ先行調査に基づいて検討を加える。

その後，第3節「マーケティング論の概要」においてマーケティング論を構成する諸概念の定義とその概要について確認し，自治会・町内会のマーケティング論を検討するにあたって，当面特に参考となる諸概念について検討を加える。

続いて，第4節「自治会・町内会マーケティング論の特徴」において，自治会・町内会のマーケティング論の特長を明らかにし，住民自治的非営利組織としての自治会・町内会が，企業やNPOなどこれまで研究対象となった組織群とは異なるマーケティング上の特徴を持つことを示す。特に，自治会・町内会の究極の製品が何であるかについて考察を加える。

第1節　自治会・町内会が提供しているサービス

自治会・町内会のマーケティング論を考察するにあたって，最初に自治会・町内会が実際何を生産しているかを確認することから始めよう。

辻中・ペッカネン・山本（2009）は，自治会・町内会が行っている社会サービス活動について，その実施率ごとにまとめている。その結果から，自治会・町内会は，単一目的組織ではなく，地域住民が求めるニーズについて，極めて広範囲に応答しようとしていることがわかる。要するに，自治会・町内会は，多くのNPOのような単目的組織ではなく，極めて多機能・多目的であり，その担当している業務は広範囲に及ぶということである。

Lovelock and Weinberg（1984; 1989，邦訳 1991）は，公共・非営利組織の生産物（product）を，物的財・サービス・社会的行動の3種類に区分し，更に，それぞれを中核的製品・補助的製品・資源誘引製品に分けている[3]。

自治会・町内会の生産物のいくつかを，Lovelock and Weinberg（1984; 1989，邦訳 1991）に従って整理してみよう。

まず，Lovelock and Weinberg（1984; 1989，邦訳 1991）の枠組みと，

辻中・ペッカネン・山本（2009）がまとめた活動内容のうち実施率が50％以上の項目について，筆者が観察している自治会・町内会の活動内容を落とし込んだものが図表6-1である。

ここで物的財とは物質的な製品であり，サービスとは目に見えず，在庫ができない製品であり，社会的行動とは「対象となる顧客がとる特別な行動を提案する」ことである[4]。

本表中，自治会・町内会による物的財の生産とは，例えば，「高齢者の支援」の場合，補助的なものとして，米寿を迎えた高齢者にお祝い金を自治会・町内会から贈る事業が該当する。また，自治会・町内会による食事の宅配サービス事業は，1つ500円など有償の場合は貴重な収入源となることから資源誘引に該当する[5]。

また，自治会・町内会によるサービスの生産とは，例えば「清掃・美化」の場合，老人会などが中心に行う町内公園の月例定期清掃であり，また，年に1度，町民全体で行われる町内道路の一斉ゴミ拾い活動などである。

最後の自治会・町内会による社会的行動とは，例えば，年に1度の町内道路一斉ゴミ拾いの際などに「クリーン・キャンペーン」などと銘打ってイベント的に行われ，併せて地域全体や通行人等への美化意識啓発活動なども行われる事業を含んでいる。併せて，ポケットティッシュを配布することがあるが，そうした啓発活動をいう。

図表6-1からわかることは，自治会・町内会の生産物としては，物的財は少なく，サービスや社会的行動が多いということである。

サービスも社会的行動も，関係する者に経験や知識を与えるものの，在庫できない生産物である。

ここで最後に指摘しておくべきことは，こうした生産物としてのサービス・社会的行動は，あくまでも当面の生産物であり，究極的な生産物ではないことである。

例えば，防犯について，町内に防犯カメラを10個設置し，自主防犯組織を編成して夜回りを毎週末実施し，作成した防犯PRちらしを各世帯に配布することは，具体的な事務事業結果であり，当面の生産物である。一方，犯罪のない地域社会の形成・維持が，究極の生産物である。消防・防災も含めていえ

第1節　自治会・町内会が提供しているサービス

図表 6-1　ラブロック・ウェインバーグによる生産物の区分（自治会・町内会の場合）

	物的財			サービス			社会的行動		
	中核的	補助的	資源誘引	中核的	補助的	資源誘引	中核的	補助的	資源誘引
清掃・美化				定期公園清掃	年に1度の道路美化		美化意識の啓発活動	啓発ティッシュ配布	
生活道路の管理				防犯灯電球管理	側溝蓋管理		行政との連絡調整		
祭り			飲食物	神輿巡行・歌舞音曲	カラオケ大会	篤志者名の張出	参加・協働の呼びかけ	組長・班長の動員	寸志募集
高齢者の支援		祝金	食事の宅配サービス	見守り・声掛け	いきいきサロン等の開催		行政との連絡調整		
ゴミ処理	共同集積所			分別方法の周知	共同集積所の清掃				
慶弔		御仏前		手伝い	訃報の掲出・周知				
スポーツ・文化イベント		参加賞品		イベント開催	イベント開催に伴う交通整理	篤志者名の公表	参加・協働の呼びかけ		寸志募集
学校教育への協力		金品の供与		登下校時の見守り	児童生徒への教育的指導		「こども110番の家」に協力	学校評議員を派遣	
集会所の管理	集会所	諸備品	公衆電話の設置	自主活動への貸し出し	会議開催場所の提供	各室の有償貸し出し			
消防				自主防火組織の編成	自主防火訓練実施		防火意識の啓発活動	消防団分団への支援	
防災				自主防災組織の編成	自主防災訓練実施		防災意識の啓発活動		
交通安全				通学路の安全確保・見守り			交通安全意識の啓発活動	PTA地区校外委員会への協力	
防犯		防犯カメラの設置		自主防犯組織の編成	わんわんパトロール，夜回り		防犯意識の啓発活動	同上	
青少年の育成				青少年育成組織の編成	祭礼時等のパトロール		青少年育成意識の啓発活動	PTA・子ども会等への支援	

（出所：Lovelock and Weinberg（1984; 1989, pp. 201-217, 邦訳 1991, pp. 229-247）の生産物区分を列とし，辻中・ペッカネン・山本（2009年，133頁）表 6-4 中の実施率 50％以上の項目を行として，筆者が内容を加筆して作表。）

ば，安心・安全な地域社会の形成・維持が，究極の生産物である。

　これは，第1章第1項で確認したように，自治会・町内会組織の発端となったことが「暴力に対し生活の安全を守るため」であったことと通底することである。そして，その点で自治会・町内会結成の本来目的は自治体（地方政府）の使命とも一部共通せざるをえないのである。

　また，地域社会を健全に維持していくためには人材の育成が必要であるが，そうした人材も，自治会・町内会をはじめとする地域社会組織の究極の生産物である。

　自治会・町内会の究極の生産物は，このほか地域住民間の信頼・互酬性の規範・ネットワーク，統合された地域社会，加入率向上，自治的住民と次代の後継者である。これらが拡大再生産できない限り，地域社会を維持・発展させることはできない。地域社会の維持発展と地域人材の育成は，表裏一体のものである。

　自治会・町内会のマーケティングを考えるとき，当面の生産物を考慮すると同時に，こうした究極の生産物も考慮しなければならない。

第2節　自治会・町内会に対するニーズ

　本節では，自治会・町内会のマーケティングの対象となる地域住民及び自治体のニーズについて検討し，続く各項で自治会・町内会の生産物について，その機能や実施している事務事業を参考にして，検討と考察を加える。

　自治会・町内会は，地域住民と地方自治体を媒介する組織として，その両方を主なクライアントとしているからである。これを自治会・町内会のマーケティングの両方向性と名付けよう。

1．地域住民のニーズ

　自治会・町内会が実現すべきニーズの第1面として，地域住民のニーズについて検討する。

　地域住民のニーズは極めて多様であり，政治・経済・文化・社会，あらゆる

分野にわたるニーズを持っている。しかし，それらのニーズ全てを住民組織が実現すべきものでもなく，また，できるものでもない。例えば，地域住民の生活資金の不足は，通常民間企業や政府・公共機関により充足されるし，教育・文化・スポーツに関するニーズは，住民自身や家族，地域社会組織，民間企業，NPO，政府・公共機関のいずれもがその充足に関わることができるし，実際に関わっている。

地域住民が自治会・町内会に対して持っているニーズに関する調査の一例として，滋賀県広報課（1998）調査[6]があるので，確認しよう（図表6-2）。ただし，調査対象の住民（滋賀県民）が，自分の地域の自治会・町内会について知っている範囲での回答である点に注意を要する。

図表6-2 滋賀県民がみる自治会・町内会の活動

項　　目	これまで取り組んできた活動 実施率（％）	今後取り組むべき活動 賛同率（％）
1　溝，河川，道路などの清掃，補修活動	66.6	34.5
2　運動会，スポーツ活動	58.7	
3　お祭り，盆踊り	52.7	
4　廃品回収，省資源活動などの環境保全活動	45.2	31.7
5　福祉活動		40.7
6　緑化・自然保護活動		33.3
7　防火・防犯・防災活動	33.0	28.5
8　健康づくり活動		30.7
9　青少年の健全育成活動		27.3
10　行政への要望など		27.1
11　交通安全運動	25.6	
12　旅行，ハイキング	23.8	
13　趣味・文化・教養活動	23.1	29.4

（出所：滋賀県広報課（1998）調査結果を，筆者が1表にまとめた。空欄の部分についてはデータがないため不明だが，実施率・賛同率とも各項の最小の値よりは小さい。）

住民（滋賀県民）が認識している自治会・町内会の実施活動は，第1に

「溝，河川，道路などの清掃，補修活動（実施率66.6％）」であり，第2には「運動会，スポーツ活動（同58.7％）」，第3は「お祭り，盆踊り（同52.7％）」と続く。

その後に，第4「廃品回収，省資源活動などの環境保全活動（同45.2％）」，第5「防火・防犯・防災活動（同33.0％）」となる。

また，「交通安全運動（同25.6％）」，「旅行，ハイキング（同23.8％）」，「趣味・文化・教養活動（同23.1％）」は，4分の1程度の実施率とされる。

これに，住民（滋賀県民）が「今後取り組むべき活動」として選択した項目を重ね合わせてみると，必ずしも一致していないことがわかる。

図表6-3　実施率と支持率による活動の区分

		今後取り組むべき活動	
		支持されたもの	支持されなかったもの
これまで取り組んできた活動	である	① 継続活動 1, 4, 7, 13	② 見直活動 2, 3, 11, 12
	でない	③ 新規活動 5, 6, 8, 9, 10	

（出所：滋賀県広報課（1998）に基づき，筆者作表。）

第1類①は，「これまで取り組んできた活動」であり，引き続き「今後取り組むべき活動」として支持されたものである。これを「継続活動」としよう。この継続活動も，今までどおり続けるべきものと，さらに力を入れるべきものとに再区分できるだろう。

第2類②は，「これまで取り組んできた活動」であるが，「今後取り組むべき活動」として支持されなかったものである。これを「見直活動」としよう。この見直活動も，縮小すべきものと廃止すべきものとに再区分可能だろう。

第3類③は，「これまで取り組んできた活動」でないが，「今後取り組むべき活動」として支持されたものである。これを「新規活動」としよう。

つまり，おおまかに言えば，住民（滋賀県民）から見た自治会・町内会の活動は，必ずしも住民ニーズと一致しておらず，継続活動と見直活動，新規活動とに区分できる。

ただし、「行政への要望など」のように、仮に会長や役員が取り組んでいても、その経過や結果を組長（班長）会議などでよく伝えないと、住民からは見えにくい活動もある可能性がある。

こうしたことから、自治会・町内会は地域住民に対して、自らが実施している事業内容について日頃から丁寧に伝えていく必要性と、常に地域住民のニーズを把握し活動に活かしていくことの必要性とを指摘することができる。

調査対象となった住民は、地域社会で解決すべきと思うニーズを述べたわけだが、それを自治会・町内会が単独で実現すべきか、社会福祉協議会地区部会、日赤支・分会、青少年育成指導員地区部会、子ども会、老人会、あるいは、PTAなどと協同あるいは分担して実現してもよいのである。

自治会・町内会においては、こうした住民ニーズの実現主体と実現方法のマネジメントが必要である。

2. 地方自治体のニーズ

自治会・町内会に対するニーズの第2面として、地方自治体のニーズについて検討しよう。

地方自治体と自治会・町内会の関係は多様であることがわかっているが、多くの自治体は、自治会・町内会を地域自治の組織として、あるいは、行政と住民を架橋する組織として期待している。

2004年9月に、東京市町村自治調査会が多摩地域の30市町村を対象に実施した「住民自治の拡充に関するアンケート調査」（東京市町村自治調査会(2005)）を参考にみてみよう。

自治体側から自治会・町内会に対して取り組みが期待されている活動分野は、次のとおりである。

防犯・防災活動（90.0%）、環境美化・清掃・リサイクル活動（86.7%）、地域福祉・介護・保健活動（60.0%）、行政と住民をつなぐ活動（60.0%）、住民間の調整機能（56.7%）、子供の健全育成・学校教育の支援活動（53.3%）が、過半数の自治体が期待する活動分野となっている[7]。自治体側は、自らに代わって地域自治を担い、かつ地域を代表する存在として、自治会・町内会を位置づけているといえる[8]。

第3節 マーケティング論の概要

1. マーケティングの定義

本節では,最初にマーケティングの定義を確認し,続いてこれまでのマーケティング研究の主要な各論等について確認し,そのうえで,本章において自治会・町内会のマーケティング論を構築するにあたって参考となる諸概念について検討を加えよう。

(1) マーケティングの定義

本項では,最初に,マーケティングの一般的な概念について,アメリカン・マーケティング協会(American Marketing Association; AMA)の定義を確認し,続いて,フィリップ・コトラーの定義を確認しよう。

(2) AMAによる定義

AMAは,1988年時点では,マーケティングを次のように定義していた[9]。

The process of planning and executing the conception, pricing, promotion, and distribution of ideas, goods, and services to create exchanges that satisfy individual and organizational goals.

(「個人と組織の諸目的を満足させる交換を生み出すための,アイデアや財,サービスに関する概念,価格,販売促進及び配送を,計画し実行する過程」(筆者訳))

AMAの定義が変遷してきたことは知られているが,この1988年時点の定義では,既にマーケティングの主体を民間企業に限定していない。後述するコトラーの研究などを受けて,政府・NPOにも適用できる定義になっている。また,マーケティングの対象を,物財に限定せず,アイデアやサービスにも拡大している点が1960年の定義と比較して新しかった。

一方，2013年7月4日現在において，AMAがWebの"Resource Library"で公開しているマーケティングの定義は，次のとおりである[10]。

　　Marketing is the activity, set of institutions, and processes for creating, communicating, delivering, and exchanging offerings that have value for customers, clients, partners, and society at large.
　（「マーケティングとは，顧客やクライアント，パートナー及び大きくは社会全般にとって価値のある提供物を，創造，伝達，配送及び交換するための活動や制度並びに過程のことである。」（筆者訳）

　この定義からは，価格（pricing）や販売促進（promotion）といった用語が削除されており，活動主体を一切問わない姿勢がより強くなったことを確認できる。加えて，財・サービス・アイデアなどの表現を「提供物（offerings）」と抽象化・一般化することで，定義の汎用性を高めている。
　要約すれば，現在ではマーケティングは全ての組織と個人において適用されるべき基本的活動として定義されるようになったと言えよう[11]。

(3) フィリップ・コトラーの定義
　続いて，マーケティングの定義に関して，フィリップ・コトラーの見解を確認しておこう。
　コトラーは，アームストロングとの共著『マーケティング原理（第9版）』において，マーケティングの意義について次のように述べている[12]。

　　「今日，マーケティングは『宣伝して販売する』という古い意味ではなく，顧客のニーズを満足させるという新しい意味によってとらえられるべきである。・・・（中略）・・・あらゆる組織の成功のカギは，その規模の大小，営利目的か非営利目的か，国内組織か国際組織かを問わず，確かなマーケティングにある。」

同書Kotler and Armstrong（2001, 邦訳2003）によるマーケティングの

定義は,次のとおりである[13]。

「マーケティングとは,個人やグループが製品や価値をつくり出し,それを他者と交換することによって必要としているものや欲しいものを獲得するという社会的かつ経営的なプロセスである。」

また,マーケティングの中心的概念については,次のように述べている[14]。

「マーケティングの中核となる概念は,ニーズ[15]・欲求・需要・サービス,価値・満足・品質,交換・取引・リレーションシップ,そして市場である。欲求とは,文化や個人の人格を通して具体化されたニーズそのものである。欲求が購買力を伴うと需要となる。人びとはみずからのニーズ,欲求,需要を製品やサービスにより満たす。製品とは,ニーズや欲求を満たす目的で市場に提供されるすべてのもののことである。製品にはサービスのほかに経験,人,場所,組織,情報,アイディアといったものが含まれる。」

コトラーらの定義においても,民間企業にとどまらず,あらゆる組織がマーケティングから隔絶されえないことが示されている。

2.公共・非営利組織マーケティング論

本項では,自治会・町内会が非営利組織であり,また,地域社会における公共的事業に関与していることから,公共・非営利組織に関するマーケティング研究の主要な諸論を確認しておこう。

(1) コトラーによる非営利組織のマーケティング論

非営利組織のマーケティング論について,最初に,フィリップ・コトラーの見解を確認しておこう。その理由は,コトラーが非営利組織のマーケティング研究に関する草分けだからである。

非営利組織研究分野において,コトラーが『非営利組織のマーケティング戦略』(原著第1版)を刊行したのは1975年であるが,これは,ラブロック・

第 3 節 マーケティング論の概要 119

ウェインバーグによる『公共・非営利のマーケティング』(原著第 1 版, 1984 年) よりも 9 年早く, ドラッカーの『非営利組織の経営』(原著 1990 年) よりも 15 年早い。また, 1980 年代以降に精力的に行われたジョンズホプキンス大学のレスター・サラモンやヘルムート・アンハイアーらによる一連の市民社会 (NPO) 国際比較研究などよりも早い。

既に 1975 年の時点で, コトラーは, 「近年, マーケティングが, 公的および非営利組織のマネジャーの間で大きな興味を引く主題になってきた[16]」と言っている。米国の政府・非営利組織の間で, これほど早い時期に, マーケティングに関心が持たれていたことに驚きを禁じえない。

Kotler (1975) は, 次のように指摘している[17]。

「全ての組織は, 自らが必要とする諸資源を引き寄せ, それらを有用な生産物とサービスに転換し, また, それらを標的市場に効果的に届けるために, 交換関係に依存している。マーケティングは, 他の集団との必要な交換関係を計画し, 達成するための, システマチックな取り組みである。マーケティングは, 生産物, サービス, 組織, 人, 場所, 社会的大義に関わる交換関係を, 開発し, 維持し, 統制することに関係している。」

このコトラーの指摘は, 現在も有効である。
そして, コトラーは, 非営利組織にはマーケティングがもっと意識的に導入される必要があると言う[18]。

「ビジネスをやるうえでのいろいろな機能と同じように, マーケティングも, 一般的, 普遍的なものであって, どのような機関にも適用できるものです。したがって, 非営利機関でも, もっと意識的にマーケティングが採用されるべきだと, 当時私は強く感じていました。」

自治会・町内会も, 各種の事業活動を行い, 多様なサービスを提供していることは, 先に確認したとおりである。従って, 地域住民に対してより効果的な事業活動を行うために, 自治会・町内会もマーケティングの考え方や手法を取

り入れる必要がある。

(2) コトラー・リーによる政府・公共のマーケティング論

政府・公共部門のマーケティングについて，Kotler and Lee（2007，邦訳2007）により，その特徴を見ることにしよう。ここで，政府とは中央と地方の両方を含む。

コトラー・リーは，政府・公共部門が市民の要望にこたえるためには，マーケティングが欠かせないという[19]。

「どんな社会でも公共部門は必要だ。その最も重要な第一の役割は，社会を運営するための原理を明確にすることである・・・(中略)・・・。

第二の役割は，公共の利益にとって決定的に重要なサービスを提供することである。たとえば国防や軍事などがあげられる。国と地方自治体は，警察や消防，公園維持管理，図書館運営，都市計画，エネルギー政策，衛生，道路建設，教育，保健施設運営などの基本的サービスは自分たちが管理すべきだと考えている・・・(中略)・・・。

第三の役割は，社会にとって必要だが，民間企業や非営利部門がやりたがらない，あるいは実施が困難なサービスの提供である。」

コトラー・リーが指摘するように，地域住民が持っているニーズは多様であるが，各々について，解決すべき，あるいはふさわしい，また，できる主体・組織は異なる。

地域住民の持つニーズとその解決主体・組織とを示せば，図表6-4のとおりである。

住民本人が持つニーズは，まず，本人や家族による自助により実現される。そこで解決が難しいものや外部で処理した方が効果的あるいは経済的なものは，他の組織や個人に外部化される。

伝統的には，家族をとりまく自治会・町内会などの地域組織が，その次の実現主体であったが，現在は必ずしもそうではない。

例えば，自治会・町内会の加入率が減少し，非力になり，安心・安全パト

ロールの自主的実行が難しくなれば,警察に巡回を依頼したり,費用を負担して警備会社に警備委託することもあるのである。

図表 6-4 ニーズとその解決主体

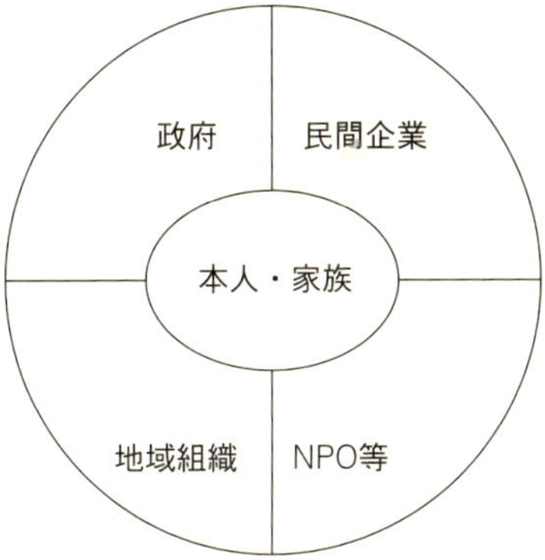

（政府／民間企業／地域組織／NPO等／本人・家族）

（出所：筆者作図。）

(3) ラブロック・ウェインバーグによる公共・非営利のマーケティング論

続いて,ラブロック・ウェインバーグの見解を確認しよう。

Lovelock and Weinberg（1984; 1989,邦訳 1991）は,公共・非営利（非ビジネス）マーケティングの特異性として,以下9項目を指摘している[20]。

① 製品の性格：物理的な財ではなくて,サービスおよび社会的行動など,いままでに参考となる理論や実例のほとんど存在しない領域を対象とする。
② 非金銭的目標の優位性：目標設定および成果測定をより困難にする。
③ 資金集めの必要性：寄付者あるいは政府からの基金集め,あるいは租税派生収入の捻出に努力を集中する。
④ 多様な顧客等,支持者：直接的なユーザーばかりでなく,他の多くの人びとにアピールせねばならない。
⑤ 使命と消費者満足間の二者択一的問題：時には個人の短期的コストの負担において社会全体の長期的便益を提供するといった,社会行動プログラム（たとえば,制限速度を守ること）のような長期的観点を必要とする。

⑥ 大衆の監視：その戦略および戦術の両方に大衆の関心を集め，また報道機関の批判と政治的攻撃にさらされることもある。

⑦ 非市場的圧力：行政指導および統制機関の下における非営利マーケティングの実施は，組織がいくつかの行動をとることを拘束したり，他のなんらかの行動をとることを余儀なくさせられる（以下略）。

⑧ 無料あるいは安価な支援の利用可能性：組織目的達成努力を助成するための労働，設備，サービス提供をいただく。

⑨ 二重あるいは三重の管理：理事会，ボランティア，マネジャー，および専門家（たとえば，医者あるいは学識者）による本筋よりの逸脱の危険性に対処する必要がある。

このラブロック・ウェインバーグの指摘は，自治会・町内会についてもあてはまる。

自治会・町内会が産出する主な製品は，本章第1節でみたように「物理的な財ではなくて，サービスおよび社会的行動」であるし，自治会・町内会には「非金銭的目標の優位性」や「多様な顧客等，支持者」もあてはまる。

「資金集めの必要性」については，自治会・町内会の場合，自治体からの補助が少なくないことから，他のNPOに比べると若干有利かもしれない。

その次の「使命と消費者満足間の二者択一問題」についていえば，自治会・町内会も，地域住民の負担の下に長期的な地域文化・伝統芸能の維持などにも取り組んでいる。

「大衆の監視」では，自治会・町内会は常に地域住民に注視されていることに加え，時としてマスコミに取り上げられる場合もある。

また，「非市場的圧力」については，自治体や他の非営利機関から，安心・安全の問題や防災・防犯の問題などについて，協力や一定の行動を求められることがある。

「無料あるいは安価な支援の利用可能性」では，地域住民の無償の労働提供を受けることができるし，民生委員児童委員などの非営利機関・地元自治体からの協力も得られる。

最後の「二重あるいは三重の管理」については，自治会・町内会の場合に

は，会計上の不始末や不明朗さがしばしばあることや地域エゴに陥る危険性もあることから，その使命や現代的な良識・社会通念・倫理といったものから逸脱しないように，常に自己点検すると共に，客観的な外部からの視線も欠かせない。

(4) ドラッカーによる非営利組織のマーケティング論

ドラッカーが非営利組織について重要な指摘をしているので，その見解を確認しておこう。

Drucker（1990，邦訳 1991）は，非営利組織の製品（product）について次のように述べている[21]。

「『非営利機関』は，（企業や政府のように；筆者注）財やサービスを供給することもなく，統制することもない。その『製品』は，一足の靴ではなく，効果的な規制でもない。<u>その製品は『変革された人間』である。つまり，非営利機関は，人間変革機関である</u>。その『製品』は，治癒した患者，学ぶ子供，自尊心をもった成人となる若い男女，すなわち，変革された人間の人生そのものである。」（下線は筆者）

このドラッカーの卓見は，非営利組織の真髄を述べていて他に例がない。非営利組織の製品（product）は，「変革された人間」である。

非営利組織は，人間的な活動（使命）にかかわることで，その製品の提供過程においてその参加者を人間的にせざるを得ない。まさに，非営利組織は，人間変革機関である。

自治会・町内会もまた，地域社会の統合と維持・発展，住民福祉の増進を使命としており，地域における人間変革機関にほかならない。

3．ソーシャル・マーケティング論

Kotler and Keller（2007，邦訳 2008）によれば，ソーシャル・マーケティングとは，「社会問題や社会的コーズ（大義；筆者注）に直接働きかけるために実施されるマーケティング」であり，「非営利組織や政府機関がコーズ

の推進のために行うもので,『ドラッグにノーを』や『もっと運動してより良い食事を』など[22]」がある。

Kotler and Lee (2007, 邦訳 2007) によれば, ソーシャル・マーケティングの目的は,「生活の質を向上させること[23]」にある。

また, ソーシャル・マーケティングがソーシャル・アドバタイジング（公共広告）と異なる点は, 前者がターゲット・オーディエンス（マーケティングの対象者；筆者注）に「恒常的な行動の変化に対するコミットメント」を起こさせる点にあるという。つまり, 情報の提供にとどまらず, マーケティングの原理と手法を使って対象者に影響を及ぼして, 社会的に望ましい行動を起こすように働きかけることである[24]。

自治会・町内会は, 地域社会の維持・改善に日常的に取り組んでいることから, 生活環境の美化, 自然保護やリサイクル問題, 青少年の健全育成や非行防止など, 様々な社会問題についてソーシャル・マーケティングの考え方が利用できる。

第4節　自治会・町内会マーケティング論の特徴

本節では, 前節までに確認した自治会・町内会の生産物に, これまで明らかにされたマーケティングに関する諸研究のうちの適用可能なものをあてはめ, 構築すべき自治会・町内会のマーケティング論の特徴を述べよう。

1．前提としての地域社会における競争の存在

自治会・町内会にマーケティング論を適用するにあたっては, 地域社会内に競争が存在すること, つまり, 自治会・町内会が提供するサービスが他の組織体の提供するサービスと競争下にあることの確認が前提となる。

ここで, 競争には各種のレベルのあることが Lehmann and Winer (1988；1991, 邦訳 1991) によって指摘されているので確認しておこう[25]。

Lehmann and Winer (1988；1991, 邦訳 1991) によれば, 最も狭い視野で捉えた競争レベルは「プロダクト・フォーム競争」であり, これは「同一の

細分市場をターゲットとする製品カテゴリーの内にあるブランド同士を主要な競争相手とする競争レベル」である。レーマン・ウィナーの例示に従えば，「ダイエット・コーラ」というブランド間の，具体的には，ダイエット・ライトコーラ，ダイエット・ペプシーとダイエット・コークの競争である。

　第2の競争レベルは，「プロダクト・カテゴリー競争」であり，「同じ形態をもった製品もしくはサービス同士の競争」である。上記同様の例示によれば，「ソフトドリンク」間の，具体的には，レギュラーコーラ，ダイエット・レモンライム，レモンライムとフルーツ・コーラの競争である。

　第3の競争レベルは「一般的競争」であり，レーマン・ウィナーの例示によれば，飲料間の競争であり，具体的には，ジュース，コーヒー，ミネラルウォーター，ワイン及びビール間の競争である。

　第4の最も広範なレベルで捉えられる競争概念は，「予算競争」であり，「すべての製品ならびにサービスは互いに同一の顧客をめぐって競争しているとみる見方」である。例示によれば，娯楽・息抜き間の競争であり，具体的には，ファーストフーズ，アイスクリーム，ビデオレンタルと野球カード間の競争である。

　つまり各種財・サービスの提供主体は，最も広範囲には全く製品形態・使用価値の異なる財・サービスと顧客の可処分所得のシェアを争う競争をしていると考えることができるということである。

　こうした考え方は，地域社会における競争の存在を考察するときに極めて有効である。さらに，この点を考察しよう。

2．地域社会における競争のレベル

　さまざまな財・サービスが，地域社会の中で顧客と予算の獲得競争をしている。

　以下では，地域社会で提供されるサービスのうち，子どもを取り巻く競争レベルについて，スポーツを例にとり考察してみよう。

　Lehmann and Winer（1988；1991，邦訳 1991）の競争レベルに沿って考察すると，図表6-5のようになる。

　図の中では，それぞれの組織が提供するサービスについて，組織を例にして

図表 6-5　子どもをとりまく競争レベル

```
┌─────────────────────────────────────┐
│ 地域（学区）のサッカークラブ          │
│ プロ・サッカーチームのジュニアチーム  │
│ YMCAのサッカー教室                    │
│ 学区にとらわれない広域のサッカークラブ│
│ NPOのサッカーチーム                   │
└─────────────────────────────────────┘
  プロダクト・フォーム競争のレベル
  　（少年サッカー）

    NPOの・企業による少年ヨット教室
    地域（学区）のミニバスケット・チーム
    子ども会主宰の少年野球チーム
    スポーツ少年団
    地域住民による剣道教室
    企業によるスイミングクラブ
    NPOによるタッチフットボール・チーム
    YMCAの少年スポーツ教室
  プロダクト・カテゴリー競争のレベル
  　（少年スポーツ）

      各体育協会による社会体育的教室
        （例：登山入門，ウォーキング教室ほか）
      スポーツ振興団体による各種教室やクラブ
  一般的競争のレベル
  　（スポーツ）

        テレビゲーム，ピアノ教室，そろばん教室，学習塾，
        キッズ英会話，DVD・ビデオ鑑賞，
  予算競争のレベル（余暇・娯楽）
```

（出所：筆者作図。）

示している。

　例えば，少年サッカーというプロダクト・フォーム競争のレベルでは，地域（学区）の住民と保護者によるサッカークラブが提供しているスポーツサービスは，少年（少女を含む）に対するサッカーの機会や体験として，プロ・サッカーチームのジュニアチームやYMCAのサッカー教室，学区にとらわれない広域のサッカークラブ，NPOのサッカークラブなどが提供するサービスと競争している。

　少子化が進んでいることから，地域（学区）のサッカークラブは厳しい競争下にあり，一部には解散の危機にある。

次に，少年スポーツというプロダクト・カテゴリー競争のレベルでは，同種目他団体による競争に加えて，他競技種目による競争が展開されている。例えば，少年サッカーチームと野球を中心としたスポーツ少年団であり，学区のミニバスケットボール・チーム，剣道教室やスイミングクラブなどである。

また，スポーツという一般的競争のレベルでは，参加年齢を問わない市民向けの登山入門や各体育協会主催のスポーツ教室等が該当する。

最後の予算競争のレベルでは，少年という年齢層やスポーツといったジャンルを超えた競争が，余暇・娯楽中のシェア獲得をめざして行われている。例えば，学習塾，ピアノ教室，テレビゲームなどである。

3．民間企業などと競合している事例
(1) 防犯に関する事例

自治会・町内会が提供しているサービスと民間企業などが提供するサービスとが競合している事例のひとつとして，地域の防犯問題について考察しよう。

自治会・町内会の範域において，痴漢やひったくり，空き巣，車上荒らしなどの犯罪が発生すると，地域住民皆で防犯パトロールを始めることがある。地域パトロール（巡回）と犬の散歩を兼ねた日中のパトロール（ワンワンパトロールなどという）も効果があるとされる。一方，夜間のパトロールとなると地域住民にも負担となり，多くの参加者を得て継続することは難しい。また，こうした取り組みをしても，24時間警戒できるわけでもない。

そこで，防犯カメラを地域に設置することが自治会・町内会で検討される。防犯カメラを地域に設置することについては，プライバシーの侵害となる恐れがあることから反対する声が少なくないものの，一定の効果があることや住民負担の軽減から設置に至ることが少なくない。あるいは，民間の警備会社と委託契約を結び，地域内をパトロールしてもらうといったこともある[26]。

こうしたことは，ニーズとしての犯罪抑止を実現する方法が，住民自身によるボランティア活動か，民間企業が提供する機械設備による間接的な監視サービスか，民間警備会社が提供する直接的な人的警備サービスか，という選択である。

ここで確認すべきことは，民間警備会社が，新たな市場として地域社会の

防犯需要を認めていることであり，地域社会の犯罪抑止ニーズに対して地域のボランティア住民団と民間警備会社等が競争下に入りはじめたということである。

(2) 高齢者への食事の宅配サービスに関する事例

地区社会福祉協議会が中心となって，自治会・町内会も協力し，手作りのお弁当を手分けして高齢者の自宅に届ける食事の宅配サービスを定期的に行っているところがある。

また，頻度を上げるために地域住民の手作りではなく，地域にある福祉施設などの給食施設を利用し，その施設に委託するかたちでお弁当を用意して，配達は地域住民が行うといった取り組みもある。このように施設へ調理委託すれば，ある程度の頻度でも安定的に一定数のお弁当を用意することができる。こうした取り組みは，地域住民が同じ地域の高齢者に温かい食事を届けるという

図表 6-6　民間企業による食事の宅配サービスの例

2013 年 10 月 1 日現在

サービス名称	事業者	お弁当例	金額（円）	宅配料	備考
お届けジョナサン	ジョナサン	さばの塩焼き弁当	450	無料（税込1,500円以上から）	ネット注文，クレジットカード払い可。
お食事お届けサービス	セブン-イレブン（三浦赤羽店）	日替り弁当	500	無料	1日分から可。要会員登録。口座振替・払込票払い。
食宅便	日清医療食品(株)	白身魚の西京焼きと野菜の煮物（おかずのみ）（注1）	525	無料	メニュー多。クレジットカード払い・代引（315円要）
ワタミの宅食	ワタミタクショク(株)	まごころ御膳（注2）	540	無料	5日又は7日単位。献立数多数。電話注文。

（注1）「食宅便」は，お好みセレクトコース（7食セット／おかずのみ）が，3,675円。
（注2）「まごころ御膳」は，月〜日の全7日間コースの日替わりの場合，1人用が3,780円。
（出所：筆者宅に届いた新聞及び折り込み広告に基づき，筆者作表。）

物的なサービスであると同時に、手ずからお弁当を渡すに際して、お互いに声を交わし心を通わすという極めてヒューマン（人間的）な取り組みである。この取り組みに参加する地域住民相互の間にも、信頼や互酬性の規範、人間的絆を育むという効果がある。

一方、独居高齢者世帯の増加に伴って、こうした食事の宅配サービスには、ファミリーレストランのみならず、事業拡大機会ととらえる福祉施設や専門の配食事業者も参入しはじめている。

図表6-6は、2013年10月現在、神奈川県横須賀市において利用可能な民間企業による食事の宅配サービスの一例である。例えば、宅配料なしで500円程度の弁当を自宅まで届けてもらえるのである。

これは、一面からすれば、独居高齢者の食事の宅配ニーズに対して、地域住民団と民間事業者とが競争下に入りはじめたということである。

4. 自治会・町内会マーケティングの特徴

自治会・町内会の特徴については第3章第2節で確認したが、別な言い方をすれば、自治会・町内会の特徴のひとつは、地域住民が自分の帰属すべき組織を他に選択する余地がないことが一般的であるともいえる。その点、自治体と住民の関係に似ている。住民は、住所の移動をしない限り自分の属する地域社会と自治体を変えることはできない。

鳥越（1994）が、自治会・町内会の特徴の一部として指摘した地域占拠制と全世帯加入制、包括的機能などからわかるように、自治会・町内会のマーケティングの特徴は、クライアントたる住民自身が同時にサービス提供者である点にある。これは、主体と客体の相互性または同一性ともいえ、互助はもともとそうしたものである。

自治会・町内会のマーケティングを考える上で留意すべき点として、以下2点が挙げられる。
① サービスの提供者と受領者の相互限定性
　地縁的でない非営利組織は、各自の関心や目的に応じて世界中のどこにある組織にでも加入し活動することが可能であるのに対し、地縁的非営利組織は、サービスの受領者側もサービスの提供者側も同じ地域に住む住民である。各会

は基本的に自地区の住民のみから構成され，役員も自地区住民から選出される。そして各種サービスの対象者もまた，基本的にこの自地区の住民自身である。

このサービスの受領者と提供者の相互限定性，つまり，他に選択の余地のない点が，自治会・町内会のマーケティングにおける最大の，決定的な特質の1点目である。

② サービスの提供者と受領者の相互交換性

自治会・町内会のマーケティング上の特質の2点目は，サービスの提供者と受領者との相互交換性である。同じ住民が，あるときはサービスの提供者であり，別なときには同一の或いは別のサービスの受領者となるのである。

以下2種の相互交換性が考えられる。

a．内容的な相互交換性

2種類以上のサービスについて，あるサービスでは受領者である人が，異なるサービスでは提供者となることである。

例えば，ある高齢者が，町内の福祉部員から誕生日会のサービスを受ける一方，自身が町内会の文化部員として町内住民に俳句を教えるなどの場合である。

b．時間的な相互交換性

同一のサービスについて，ある時点ではサービスの受領者であった人が別の時点ではサービスの提供者となることである。

例えば，住民による地域スポーツ活動は，同世代間や異世代間におけるサービスの互酬である。少年期に地域スポーツクラブで育成指導を受けた者が，長じて年下の子どもたちを指導する場合，或いは，結婚後に地元で子育てをしつつ，自子が所属するスポーツクラブのお父さん・お母さんコーチになるなどの場合である。自分が受けたサービスと同一のサービスを，一定の期間を隔てたのち他者へ返していく場合である。

上記2種の相互交換性は，単独で行われることもあるし，複合して行われることもある。

②の相互交換性は，地縁によらない非営利組織やボランティア活動一般でも起こりえることだが，①の相互限定性は，自治会・町内会などの地縁組織

に限られる特質である。

　狭い地域で活動しているNPOが，結果的に①の相互限定性を満たすことはありえるが，そのことが必然でも必須でもない点が自治会・町内会と異なる。

　自治会・町内会の活動は，これらの相互限定性により「互酬的」とも「共益的」とも言い得るのである。そして，こうした活動の取り組み方によって，地域住民間に互酬や相互扶助に対する意識を涵養する可能性があるのである。

おわりに

　本章において，自治会・町内会とその産出している生産物に対してマーケティング論の光を当てる中で，新たに見えてきたことがあった。

　その第1は，地域社会における競争の存在である。

　自治会・町内会が提供しているサービスのうちのいくつかは，既に，民間企業の事業対象市場に取り込まれている。自治会・町内会側から市場に参入したのではなく，歴史的に市場ではなかったところが市場化し，いつの間にか自治会・町内会が市場の中に取り込まれていたと言った方が適切だろう。これからも，こうした地域社会におけるニーズの市場化は，進むだろうと考えられる。

　第2は，住民自治的な非営利組織としての自治会・町内会の特性から必然的に帰結することであるが，最終的な生産物が自治的な住民，地域の絆，信頼や互酬性の規範，持続可能な地域社会であるということである。

　こうした点は，自治会・町内会のマーケティング戦略の策定にあたって，民間企業のマーケティング戦略論では論じられない点である。

　今後は，以下の諸点に留意して，更に研究をすすめていきたい。

　第1には，マーケティング論の研究蓄積が極めて広範囲かつ深遠であることから，更に広く深く研究をすすめていくことである。

　ソーシャル・マーケティングやサービス・マーケティング，人や地域のマーケティング，あるいは，マーケティング計画の実際の立案についても，今後の研究課題である。

　第2には，自治会・町内会の生産物が時代と地域によって異なり，また，広範囲に及ぶことから，全国の自治会・町内会について，具体的な事例の収集につとめ，具体性を高めていくことが必要であろう。

(本章は，関東学院大学経済学会『経済系　第258集』(2014年1月) 掲載の研究ノートを加筆・修正したものである。)

注

1　Drucker (1990, p. 74, 邦訳 1991, p. 94)。この端的な定義に，コトラーは「私はこれに，売り手と買い手の双方にとって意義のある価値を生み出すことをつけ加えたいと思います。」と付言している。この一言は，売り手と買い手の双方又は片方に意義のある価値を生み出さないマーケティングが存在するという現実を示唆している。
2　人を包括するとともに，ニーズも包括している。
3　Lovelock and Weinberg (1989, pp. 201-217, 邦訳 1991, pp. 229-247) の区分による。
4　Lovelock and Weinberg (1989, pp. 202-205, 邦訳 1991, pp. 230-234)。
5　有償の食事の宅配サービスは自治会・町内会に収入をもたらすものであるが，主たる目的は高齢者の健康維持や見守り，精神的支援である。
6　この調査 (「第31回滋賀県政世論調査」1998年7月調査) は，滋賀県が今後の県政をすすめるうえでの基礎資料とするために，県民の県政全体に関する満足度と県政の当面する主要課題等をテーマに選び，県民の意識・意向を調査したものである。
　　この調査は，外国人を含む県内在住の20歳以上の男女2,000人を無作為抽出法により抽出し，郵送法により実施した質問紙調査で，有効回答数1,244件，有効回答率62.2%であった。
7　東京市町村自治調査会 (2005, p. 74)。
8　東京市町村自治調査会 (2005, p. 76)。
9　Bennett (1988, p. 115)。
10　American Marketing Association によるマーケティングの定義 (Resource Library (http://www.marketingpower.com/_layouts/Dictionary.aspx?dLetter=M, 2013/7/4)。
11　参考に，日本マーケティング協会 (JMA) による定義は，「マーケティングとは，企業および他の組織がグローバルな視野に立ち，顧客との相互理解を得ながら，公正な競争を通じて行う市場創造のための総合的活動である」となっているが，この定義は AMA による1985年定義を包含する形で，企業活動のグローバル化や環境問題，あるいは組織対象の非営利組織への拡大など，いくつかの視点から見直しを行い，1990年に JMA が独自に立案・作成したものである。日本マーケティング協会 (1990) を参照。
12　Kotler and Armstrong (2001, p. 4, 邦訳 2003, pp. 7-8)。
13　Kotler and Armstrong (2001, p. 6, 邦訳 2003, p. 10)。
14　Kotler and Armstrong (2001, p. 36, 邦訳 2003, p. 53)。
15　「ニーズとは，欠乏を感じている状態である。」(Kotler and Armstrong (2001, p. 6, 邦訳 2003, p. 10))。
16　Kotler (1975, p. ix) 筆者訳。
17　Kotler (1975, p. 13) 筆者訳。
18　Drucker (1990, p. 73, 邦訳 1991, pp.93-94) におけるドラッカーとの対談。
19　Kotler and Lee (2007, p. 6, 邦訳 2007, pp. 19-20)。
20　Lovelock and Weinberg (1984 ; 1989, pp. 427-428, 邦訳 1991, pp. 476-477)。
21　Drucker (1990, p. xiv, 邦訳 1991, p. viii)。
22　Kotler and Keller (2007, p. 712, 邦訳 2008, p.890)。
23　Kotler and Lee (2007, p. 191, 邦訳 2007, p.270)。
24　Kotler and Lee (2007, p. 191, 邦訳 2007, pp.270-271)。

25 Lehmann and Winer (1988 ; 1991, pp. 22-24, 邦訳 1991, pp.29-32).
26 宅地開発に伴い，入居当初からこうした警備会社による地域防犯サービスが付随されている場合もある。

【参考文献】

American Marketing Association によるマーケティングの定義 (Resource Library) (http://www.marketingpower.com/_layouts/Dictionary.aspx?dLetter=M, 2013.7.4).

Bennett, Peter D. ed. (1988) *Dictionary of Marketing Terms*, American Marketing Association.

Drucker, Peter F. (1990) *Managing the Non-Profit Organization: Practices and Principles*, HarperCollins Publishers. (上田惇生・田代正美訳『非営利組織の経営―原理と実践―』ダイヤモンド社，1991年。)

Kotler, Philip (1975) *Marketing For Nonprofit Organizations*, Prentice-Hall.

Kotler, Philip, Armstrong, Gary (2001) *Principles of Marketing 9th ed.* (和田充夫監訳『マーケティング原理 第9版―基礎理論から実践戦略まで―』ダイヤモンド社，2003年。)

Kotler, Philip, Keller, Kevin L. (2007) *Marketing Management 12th ed.* (恩藏直人監修，月谷真紀訳『コトラー&ケラーのマーケティング・マネジメント（第12版）』ピアソン桐原，2008年。)

Kotler, Philip, Lee, Nancy (2007) *Marketing in the Public Sector*, Pearson Education. (スカイライトコンサルティング（株）訳『社会が変わるマーケティング 民間企業の知恵を公共サービスに活かす』英治出版，2007年。)

Lehmann, Donald R., Winer, Russell S. (1988 ; 1991) *Analysis for Marketing Planning 2nd ed.*, IRWIN. (松江宏・辻本興慰監訳『マーケティング計画―立案手法入門―』文眞堂，1991年。)

Lovelock, Christopher, Weinberg, Charles B. (1984 ; 1989) *Public & Nonprofit Marketing 2nd ed.*, Scientific Press. (渡辺好項・梅沢昌太郎監訳『公共・非営利のマーケティング』白桃書房，1991年。)

滋賀県広報課 (1998)「第31回 滋賀県政世論調査」1998.9 (http://www.pref.shiga.jp/a/koho/seron/31seron.html) 2006.11.25。

辻中豊・ロバート・ペッカネン・山本英弘 (2009)『現代日本の自治会・町内会―第1回全国調査にみる自治力・ネットワーク・ガバナンス―』木鐸社。

東京市町村自治調査会 (2005)「『住民自治』の拡充に向けて～『新しい公共』多摩版の創造～」2005年3月。

鳥越皓之 (1994)『地域自治会の研究』ミネルヴァ書房。

日本マーケティング協会によるマーケティングの定義 (1990) (http://www.jma2-jp.org/main/index.php?option=com_content&view=article&id=42:newsflash-4&catid=3:newsflash, 2013/7/4)。

日本マーケティング協会 (1990)「マーケティング定義委員会」報告書 (http://www.jma2-jp.org/main/pdf/marketingdefinitioncommittee.pdf, 2013/7/4)。

第7章

自治会・町内会の経営戦略論

はじめに

　本章の目的は，企業において主に研究されてきた経営戦略論を住民自治的非営利組織である自治会・町内会に適用することである。
本章の概要は以下のとおりである。
　最初に，第1節「経営戦略の定義と概要」では，経営戦略の定義について確認し，その概要について考察する。続いて，第2節「自治会・町内会へ経営戦略論を適用するための前提条件」では，地域社会にも競争が存在することを解明し，適用されるべき事業別戦略について述べる。第3節「自治会・町内会のSWOT分析」では，自治会・町内会活動の促進要因と阻害要因について，SWOT分析の枠組みを使って，整理する。

第1節　経営戦略の定義と概要

　本節では，まず経営戦略の定義について概観し，その内容について確認する。

1．経営戦略の定義と概要

　戦略は戦争用語であるが，資本主義経済においては，企業が競合他社と顧客の争奪戦をくりひろげていることを戦いに模して使われている用語である。
　そして，企業は，激しい環境変化に適応しつつ競合他社との競争に勝ち残り組織として存続し続けるため，経営戦略を活用している。
　しかし，経営戦略は，その定義に関していえば多様である。
　加護野（1996）によれば，「経営学の古典と呼ばれる諸研究の中で，戦略と

いう概念をおそらく最初に用いたのは，チャンドラーの『経営戦略と経営組織』¹」である。

以下，経営戦略論について，チャンドラーから順に概観しよう。

(1) チャンドラーの定義

Chandler (1962, 邦訳 1967) によれば，「戦略とは一企業体の基本的な長期目的を決定し，これらの諸目的を遂行するために必要な行動様式を採択し，諸資源を割当てること²」と定義される。

このチャンドラーの定義は，長期経営計画としての戦略と理解できる。

チャンドラーに続いて，経営戦略論で大きな業績を残したのは，アンソフである。

(2) アンソフの定義

Ansoff (1965, 邦訳 1969) によれば，「戦略とは，(1) 企業の事業活動についての広範な概念を提供し，(2) 企業が新しい機会を探求するための個別的な指針を設定し，(3) 企業の選択の過程を最も魅力的な機会だけにしぼるような意思決定ルールによって企業の目標の役割を補足する³」ものである。

また，Ansoff (1988, 邦訳 1990) は，「組織の発展プロセスを指導する新しい意思決定ルールとガイドラインを〈戦略〉と定義する⁴」という。

あるいは，「戦略は組織行動の方向づけに対する意思決定ルールのいくつかのセットのひとつである⁵」とも言う。

アンソフによれば，戦略とは，組織の意思決定ルールとガイドラインということになる。

アンソフは，「意思決定の観点からすれば，企業経営上の全体的な問題は，企業の目標達成を最適度に可能にするような方法で，資源の転化のプロセスを方向づけることである⁶」と述べ，そうした意思決定には以下の3つのカテゴリーがあるとする。

① 戦略的意思決定
② 管理的意思決定

③ 業務的意思決定

　1番目の戦略的意思決定とは，「主として企業の内部問題よりもむしろ外部問題に関係のあるものの選択に関するものである」。「戦略的な問題というのは・・・(中略)・・・その企業がどんな業種に従事し，将来どんな業種に進出するべきかを決める問題である」とし，主要な決定事項として，「諸目標および最終目標，多角化戦略，拡大化戦略，管理面の戦略，財務戦略，成長方式，成長のタイミング[7]」をあげている。

　2番目の管理的意思決定は，「最大の業績能力を生み出すように企業の資源を組織化するという問題に関するもの」だとし，一面では「権限と職責との関係，仕事の流れ，情報の流れ，流通経路，諸施設の立地といったものを組織化すること」だとし，他面では資源の調達と開発に関するものであり，「資材（原材料）源の開発，人の訓練と啓発，資金の調達，諸施設および設備の調達などに関するもの[8]」だとする。

　3番目の業務的意思決定とは，「通常，その企業の活動力と関心の大半に影響を与えるもので，その目的は，企業の資源の転化のプロセスにおける効率を最大にすることである」とし，その主な決定領域として，「各機能部門および製品ラインへの資源の配分（予算化），業務の日程計画化，業務の監視，コントロール・アクションなど[9]」があげられるとしている。

　Ansoff（1965，邦訳 1969）は，戦略的意思決定の目的について，「見かけによらずシンプルなものであり，いってみれば，企業のために製品と市場のコンビネーションを選択することである[10]」とも言っている。

　これを，自治会・町内会にあてはめて考えてみれば，自治会・町内会の戦略的意思決定の目的とは，自組織と地域社会のために，自らが提供するサービスと地域住民ニーズのコンビネーションを選択すること，と理解できる。

　自治会・町内会が提供するサービスは前年踏襲的であることが少なくないが，他方，地域住民のニーズはむしろ流動的であり，長い期間でみると，両者に乖離が生じる恐れがあることは，第6章第2節で指摘したとおりである。

　したがって，ときどき両者にズレがないか確認する作業が必要となってくる。

(3) ミンツバーグらの定義

チャンドラーにはじまり，アンソフと続く経営戦略論も，半世紀余りの間に様々な研究者が現れ，極めて盛んな研究分野となった。研究者によって，経営戦略論の定義も異なり，Mintzberg, Ahlstrand and Lampel（1998，邦訳1999）によれば，「戦略マネジメントに関する文献は多く，過去にわれわれがレビューしたものでも2,000近くになる[11]」という。

ミンツバーグらは，戦略の定義について，5つあると述べている[12]。
それは，以下のとおりである。

① プラン（Plan）：方向性，将来へ向けてどうアクションをとるべきかという指針や方針，ある地点からある地点へ行くための進路など。
② パターン（Pattern）：時を超えて一貫した行動を示すもの。
③ ポジション（Position）：特定の市場における特定の製品の位置づけ。
④ パースペクティブ（Perspective）：企業の基本理念に関わるもの。
⑤ 策略（Ploy）：敵あるいは競争相手の裏をかこうとする特別な「計略」のこと。

ミンツバーグらの言うように，確かに，こうした様々な意味で，戦略という用語は使われている。

(4) ポーターの定義

戦略の本質に関わり，Porter（1985；1998，邦訳1999）は，「戦略策定の本質とは，競争への対応であるといえるだろう[13]」と述べている。

Porter, Takeuchi and Sakakibara（2000，邦訳2000）によれば，「戦略とは，企業に何をしないのかという厳しい選択を迫るものである。・・・（中略）・・・優れた戦略とは，トレードオフを伴うもの[14]」である。

また，「すべての顧客に対してすべてのものを提供しようとすることは，戦略へのアンチテーゼである。・・・（中略）・・・何をしないかという選択が，戦略の核心である。自社がどういう種類の顧客に対して，どのような製品群を提供し，どのようなニーズに応えようとするのかを決定することは，戦略策定

の基本である。しかし，同様にそれ以外の顧客，ニーズ，機能やサービスを提供しないと決定することも，戦略策定の基本である[15]」という。

この指摘は重要である。なぜなら，自治会・町内会は，これまでみたように，極めて広範囲の事業分野に関わっている。限られた人と限られた資金によって，あらゆる住民ニーズに応えることは不可能である。自治会・町内会として実現すべきニーズを選択し，行政や民間企業，NPOにまかせるべきニーズを自ら選択しないこと，つまり一定の「機能やサービスを提供しないと決定すること」が重要である。

なお，ポーターが指摘する競争上の3つの基本戦略とは，次のとおりである。

① コスト・リーダーシップ
② 差別化
③ 集中

また，Porter（1980，邦訳 1982）は，このうち2つ以上を主目標にしてもうまくゆくことはまれであること，どの戦略もうまく実行するには全力投球の心構えと組織面での支援体制が必要であるとする[16]。

この3つの基本戦略のうち最も本質的な戦略は2番目の差別化戦略であり，ポーター自身も，「競争戦略の本質は差別化である。つまり，意図的にライバルとは異なる一連の活動を選び，独自の価値を提供することである[17]」と述べている。

自治会・町内会の場合でも，差別化戦略は有効と考えられる。行政，NPO，企業などとの事業の棲み分けが必要で，差別化戦略が求められるといえる。

そして，行政からの下請けを拒むことも必要である。2000年以降，地方自治体への分権と事務移譲が進む中で，自治体自身の行財政難から，少なくない自治体が「分権」と称して本来自治体が行うべき事務・事業を地域住民団体に行わせようとしている事例がある。こうした住民自治と相いれない「分権」の動きには，断固拒否する見識と英断が求められる[18]。

企業の場合，特定の技術や財そのものを財・サービスとして提供できるが，

住民同士の親睦などを付随させることはできない。自治会・町内会が提供する財・サービスは，受け取り手のひとりひとりの利益になるとともに，地域住民の間に信頼や互酬性の規範，ネットワークといった価値を創造することができる。地域住民の間に絆を作れるのは，地域住民自身にほかならないのである。

　ポーターが指摘する3つの基本戦略のうち，1番目のコスト・リーダーシップ戦略については，自治会・町内会が非営利組織であり剰余を生む必要が必ずしもないことから，民間企業よりもコストの面で優位に立てる場合はある。

　3番目の集中戦略については，広範な住民ニーズの中から，現実的な可能性を熟慮する必要がある。上に述べたとおり，行政，民間企業，NPOなどとの役割分担を明確にし，住民自治組織らしい事業分野を選択するのである。

第2節　自治会・町内会へ経営戦略論を適用するための前提条件

　本節では，自治会・町内会へ経営戦略論を適用させるための前提条件について確認する。それは，地域社会における競争の存在の確認である。

1．地域社会にも競争は存在する

　経営戦略論が成立する，または経営戦略論を必要とする前提は，当該組織の事業分野において競合他社や競争が存在することである。

　そして，自治会・町内会が競合または競争下に入りつつある点については，第6章で確認したとおりである。自治会・町内会の周辺に競争が生まれているのである。そして，そのことに気付くことが，まず肝要である。

　自治会・町内会は，残念ながら，地域住民の多様なニーズに全て応えることはできない。経営資源が無尽蔵にあるわけではないからである。Porter, Takeuchi and Sakakibara（2000, 邦訳 2000）によれば，「全てに応えようとすることは，戦略に反する[19]」のである。

　自治会・町内会は，ポーターらの言う「戦略なき競争」状態にあるといえる。「継続的改善の積み重ねは，戦略ではない[20]」ことを，まず認識しよう。

2．適用されるべき事業別戦略

　第6章において，自治会・町内会は，好むと好まざるとにかかわらず，競争に巻き込まれつつあるということを確認した。

　自治会・町内会の経営戦略は，全社戦略（自治会・町内会），事業戦略（各提供サービス毎，各単位部・団体毎），機能別戦略の3層に区分できる。

　自治会・町内会にとっての全社戦略は，端的に言えば，やらないことの決定であり，事業戦略は，競争の存在を前提として事業計画を立てることである。

　考慮すべき新規事業分野の一例については，第6章第2節で確認したとおりである。

　機能別戦略は，次のように下位区分できる。

① 人材育成戦略
② マーケティング戦略
③ サービス提供戦略
④ 財務戦略
⑤ 施設・資産経営戦略
⑥ 調達戦略

　これらは，今後論ずべき自治会・町内会における経営戦略の各論である。

　環境の変化が著しい現代において，戦略論の意義は大きくなっている。特に，少子高齢化が激しく進んでいる日本社会においては，これまでの延長線上に将来の組織の姿があるとは考えにくくなっている。

　事業戦略を考えるにあたっては，自治会・町内会のミッション（使命）の再確認が必要であり，それは，会則・規約中の「会の目的」の再確認である。競合する提供主体と，自治会・町内会が提供するサービスとの調整を考えなくてはいけない。競合相手と戦うのか，戦わないのかの判断を必要とする。連携・協働という選択肢もある。

　自治会・町内会も，収支バランスの中で経営を行っている。限られた収入を使って誰にどのようなサービスを提供するかは，戦略的意思決定である。

　例えば，自治会・町内会の会館建設事業は，期間的にも経費的にも複数年度

にわたる中長期計画事業である。自前で土地を取得するのか，借地に建設するのか。また，建設した後も会の所有不動産として保有し続けるのか。自治会・町内会の会館にかかる固定資産税を免除している自治体であれば，後年度負担について余り心配はないが，免除規定のない自治体であれば，自治体に一旦寄付し，会として借り受けるという方法も考えられる。後者の場合，賃料が発生する恐れがあるものの，固定資産税や大規模修繕にかかる経費を免れることができる。こうした選択をあらかじめ考慮して建設事業を決定することは，戦略的意思決定に属する。

　自治会・町内会の場合，企業に存在する機能別組織が，財務部門を除き，ほぼ存在しない。

　自治会・町内会には戦略が不在がちであるが，機能別組織とその戦略が欠落している点が決定的である。

　特に，組織存亡の課題である後継人材育成について，事業を計画・執行する部門が存在しない。会長の頭の中にしかない。これを組織化することが必要である。自治会・町内会の人材育成については，第8章で詳しく検討する。

　2つ目の重要課題である加入率の維持・向上についても，どの部門がこれを考えるのか，担当部門が不明である。あるとすれば，これも，会長の頭の中にしかない。会員を獲得・維持するための計画を立案し，実行・評価する部門とシステムが必要である。

　この欠けた機能については，行政・NPO・企業などによる補完が必要となる。自治会・町内会は経営に関する素人集団であり，組織経営についての専門的な知識や技術，スタッフを持っていないからである。

　会館建設などの重大な課題は，自治会・町内会も長期計画として立案し実施しているとはいえ，自治会・町内会の全社戦略が考えられなければならない。

　三役はすべての分野を視野に入れなければいけないが，スタッフ機能の創設と強化が伴えば効果的だろう。そのためには，外部の力が必要である。

第3節　自治会・町内会のSWOT分析

自治会・町内会の戦略立案に資するように，共通する強み・弱み・機会・脅威について考察してみよう。

1. 強み（Strength）

自治会・町内会の強み（優位性）について考えてみよう。このカテゴリーには，自治会・町内会独自の特性から派生する内部的要因が入る。

自治会・町内会の強みの基底となっている要因は，端的にいえば，その唯一性・独占性であり，自治会・町内会の強みは，こうした基底的特徴から派生するプラスの面である。ここから全戸性が導出され，代表性と正当性が結果する。

地域住民自身が協力して同一地域に限定された住民にサービスを提供することから，地域社会内における互酬性の規範（お互い様意識）や信頼，ネットワーク（絆）を形成・強化することができる。

こうした紐帯を縦（世代間）横（世代内）無尽に張り巡らせることができるのは，民間企業・行政・NPOには行ない得ない自治会・町内会独自の強みである。

このプラスの側面を大きくすることが，全体として会の事業の優勢を形成すると考えられる。

まず，住民の結束力や地域への愛着心の強さ，住民の自治意識（主体性）の高さなどは，自治会・町内会活動の効果的・継続的な活動の結果生まれる側面があるが，活動が好循環すれば加速的に増加すると考えられる。

これらは自治会・町内会が自力で直接取り組めることであり，加入メリットの実感できる事業の実施や民主的な運営，地域情報や自治会・町内会情報の共有など行うことで増幅が可能だ。

そうした活動によって実感した達成感や自己実現感，満足感，さらには深まった地域への愛着心を，地域住民が役員への感謝の表明の形で表すことが大

事である。まずは，役員会や総会の場，事業の終了時において，あるいは適宜場をつくって，そうしたことを行うようにすれば良いのである。そのようなことを繰り返すことで，地域住民にも，そのことの意義や効果が伝わっていくのであり，そうすることで強みを強化できる。

2．弱み（Weakness）

次に，弱み（劣位性）について考えよう。このカテゴリーには，自治会・町内会独自の特性から派生する内部的要因が入る。

自治会・町内会の弱みの基底的要因は，強みと同じく，その唯一性・独占性にある。

つまり，自治会・町内会の担任・支配する範域が，狭く，限定されていることから，会を経営するための人材や資金もまた，この限定された範域内からしか獲得できないのである。自治会・町内会は，この弱みから逃げることはできない。

最大の弱みは，人材獲得の地域限定性である。

例えば，100世帯からなる自治会・町内会は，その100世帯の住民の中からしか会長を選任することができず，10世帯からなる組（班）は，その10世帯の中からしか組長（班長）を選ぶことができない。隣接する地域や他の地域から有能な会長をリクルートすることはできない。この点は，会の組織経営にとって極めて制約的な要因であり，最大の弱みといえる。

こうした特性から必然的に結果するのが，非専門経営者による経営である。もちろん，企業経営の卓抜な経験者がたまたま会長になる場合もあるかもしれないが，多くは，そうした経験のない地域住民が会長職に就くのである。経営の素人による経営である。

また，加入率の減少傾向も自治会・町内会活動にとって内部的マイナス要因である。加入率の低下は人材獲得の困難さを増すとともに，極端に減少すれば自治会・町内会の正当性をゆるがす場合も生じかねない。

3．機会（Opportunity）

自治会・町内会にとっての機会とは，会の組織と活動を促進する外部的環境

要因のことである。

　自治会・町内会が本来の機能を発揮して活動する際の促進要因となるこれらの要因について以下，順に考察しよう。

　まず，自治会・町内会の活動を前進させようとする外部環境からの力がある。組織内の人間にとっては外圧のように思えるが，別な言い方をすれば，自治会・町内会活動に対する強い要請，社会的ニーズともいえる。

　例えば，2000年の地方分権一括法施行以降の地方分権化の進展や地域福祉への期待，地域の安心・安全への需要など，自治会・町内会に対する社会的要請は，会の諸事業・活動を生み出す土壌や契機となっている。自治会・町内会に対する期待と要請は，活動を生み出す源泉・活動の目的を構成し，本来は，自治会・町内会活動の促進要因である。これらを自治会・町内会側から制御することは難しい。

　こうした機会に接して大切なことは，自治会・町内会が，あくまでも住民自治のための組織であることを，内外共に再確認することである。行政からの要請には注意をし，あくまでも地域住民自身による地域住民の福祉の増進ための事業活動になるよう，主体的な判断が求められる。

　つづいて，制御可能な外部的要因には，地域社会のソーシャル・キャピタルが豊かであることや，内閣府国民生活局（2007a）と内閣府国民生活局（2007b）があきらかにした「つながり」に関する知見が含まれる。

　すでに確認したように，ソーシャル・キャピタルや地域のつながりは，全体として低減しつつあるものの，住民の地域活動を支える基盤となっているものであり，それにより自治会・町内会組織もまた支えられているのである。自治会・町内会の活動を改革することにより，こうした基盤を豊かにできると考えられる。

　また，大量定年退職による潜在的担い手層の増加は，自治会・町内会活動の現在の担い手層の中心が男性退職高齢者であることを考えれば，自治会・町内会活動を前進させる潜在的要因であると考えられる。しかし，あくまでも潜在的要因であって，この層に積極的に働きかけ地域活動に取り込まない限り顕在的にはならず，潜在的であり続けるであろう。

4．脅威（Threat）

これは，自治会・町内会にとって脅威となる外部的環境要因である。

このカテゴリーには，高齢化，核家族化，地域の都市化，単身世帯の増加，住民のサラリーマン化，地域の国際化，新しい競争相手の出現などが入る。これらはみな社会的要因であり，自治会・町内会が単独に改善したり変更したりすることはできない。自治会・町内会の活動上，所与の環境条件である。

また，自治会・町内会活動にとって脅威であるが，自治会・町内会自身と地元自治体，地域住民の取り組みなどによって改善または制御可能なものがある。

あるいは，つながりの希薄化や他人の関与を歓迎しない住民の増加も，会にとって脅威である。しかし，それも自治会・町内会をはじめとした住民自治組織が活動の目的や得られる利益を具体的に示す宣伝を行ったり，地域への知識・愛情や住民同士の信頼の醸成を伴うような実際の活動に彼らを巻き込むことで，変えていくことは可能である。

自治体との関係でいえば，会長への行政委嘱や行政からの大量な配布物と依頼事務は会にとって脅威の側面があるので，すみやかに再検討し，廃止できるものから廃止していく必要がある。

おわりに

ここでは，本章のまとめについて述べる。

まず，第1に，自治会・町内会に経営戦略論を適用する前提条件として，地域社会の中に競争状態があることを再確認した。

自治会・町内会は，地域社会における唯一・独占的存在であるが，個々の事業分野についてみれば，民間企業・NPO・行政などと，そのサービス提供に関して競争状態に入りつつある。したがって，顧客としての地域住民から選択されるサービスの提供を行わなくてはならない。それに失敗すると顧客を失うことになり，その事業部門の廃業につながるだろう。ひいては，自治会・町内会としての組織の存亡にかかわってくる。

自治会・町内会は，地域住民のニーズに対して，自治会・町内会でなければ提供できないサービスが何であるかを確認することが必要である。あるいは，

提供しないサービスを再定義することである。

　そのうえで，他のニーズに対して，競争状態にある他の提供主体を考慮した事業分野の設定と提供するサービスの選択を考える必要がある。

　また，選択と集中の考え方に基づいて中長期的な戦略計画をたて，限られた人材と資金をどのように配分していくのかを，地域住民の合意を得ながら，意思統一していくのである。行政に処理を委ねるべき事業，民間企業・NPOに譲るべき事業の選択が必要である。

　同時に，自治会・町内会は，自らに欠如した機能分野について，行政・NPO・民間企業などとの提携戦略を考え，長期的・計画的な事業立案を行い，各主体と協力し，必要な支援を得ながら実施していくことが求められる。

　特に，役員の後継人材育成については，組織の外からリクルートできないにもかかわらず，自治会・町内会の内側に人材育成システムが明確に存在しないことは重大である。これでは，組織として自己再生が難しい。場当たり的・成り行きまかせの経営と言われても仕方がない。地域社会の中に，必要な人材を育成するシステムを構築する必要がある。そのためには，行政・NPO・民間企業などの力を借りる必要がある。

　自治会・町内会にとって，行政・NPO・企業は，サービス提供分野においては競合する相手であるが，例えばこの人材育成分野においては，戦略的提携相手ということになる。人材育成については，第8章で詳細に検討しよう。

　また，自治会・町内会にとって，行政はもとより，地域にある各種組織との組織間関係についての戦略も考えられなければならない。

　さらに，加入率減少対策については，住民の高齢化がこれからも進むことから，高齢者が脱会せずにすむような戦略的配慮をしていく必要がある。

　対策の1つとして，全体として組長（班長）の順番制を維持しつつも，独居高齢者については当番を免除する，あるいはその負担を軽減するなどの配慮が考えられる。

　未加入者対策については，自治会・町内会の実情，加入のメリットと負担，活動に参加した人の実感などを率直に繰り返し伝えることである。

　また，同時に，盆踊りや各種行事の際に参加を呼び掛け，あるいは巻き込み，体験による理解と親睦を深めることも効果があると考えられる。

まとめの第2として，本研究の限界と残された課題について，述べる。
戦略策定の方法について，Porter（1980，邦訳 1982）は，最適な競争戦略を策定するためには，以下の一連の質問が効果的であるとしている[21]。

A　企業がいまやりつつあるものは何か。
　1　どんな戦略か
　2　戦略の基礎となっている仮説は何か。
B　企業環境に何が起こりつつあるか。
　1　業界分析
　2　競争業者分析
　3　社会分析
　4　自社の長所と弱点
C　企業は今後何をしなければならないか。
　1　仮説と戦略の点検
　2　どんな戦略がありうるか
　3　ベスト戦略の選択

　本章において考察したものは，上記項目の一部，Bの1，3と4，及びCの2である。今後，各項目に沿って全面的に検証していく必要がある。
　また，ポーターは，競争戦略が適切なものであるかどうかを判定するためには，提案された目標とポリシーの首尾一貫性を，以下のチェックリストにしたがって検証することをすすめている[22]。

・内的な一貫性があるかどうか
・環境と適合しているか
・企業資源と適合しているか
・コミュニケーションと戦略実行力はどうか

　こうした指摘も，忘れてはなるまい。

(本章は，関東学院大学経済経営研究所『関東学院大学経済経営研究所年報』（2011年3月）掲載の研究ノートを加筆・修正したものである。）

注
1 加護野（1996, p. 2）。
2 Chandler (1962, p. 13, 邦訳 1967, p. 17).
3 Ansoff (1965, p. 94, 邦訳 1969, p. 129).
4 Ansoff (1988, p. 75, 邦訳 1990, p. 132).
5 Ansoff (1988, p. 78, 邦訳 1990, p. 137).
6 Ansoff (1965, pp. 17-18, 邦訳 1969, p. 6).
7 Ansoff (1965, pp. 18-21, 邦訳 1969, pp. 7-12).
8 Ansoff (1965, p. 19, 邦訳 1969, p. 8).
9 Ansoff (1965, p. 18, 邦訳 1969, pp. 6-7).
10 Ansoff (1965, p. 23, 邦訳 1969, p. 15).
11 Mintzberg, Ahlstrand and Lampel (1998, p. 7, 邦訳 1999, p. 8).
12 Mintzberg, Ahlstrand and Lampel (1998, pp. 9-15, 邦訳 1999, pp. 10-16).
13 Porter (1985 ; 1998, p. 3, 邦訳 1999, p. 33).
14 Porter, Takeuchi and Sakakibara (2000, pp. 162-163, 邦訳 2000, p. 249).
15 Porter, Takeuchi and Sakakibara (2000, pp. 89-90, 邦訳 2000, pp. 137-140).
16 Porter (1980, p. 35, 邦訳 1982, p. 56).
17 Porter (1985 ; 1998, p. 43, 邦訳 1999, p. 76).
18 2012年9月21日付神奈川新聞記事によれば，藤沢市は，住民自治組織と公募市民からなる地域経営会議について，設置条例廃止を視野に入れて再検討するとのことである。この地域経営会議は，住民集会など1981年以来の藤沢市の住民自治の伝統に対して，2010年市条例制定に基づき「分権」の役割（つまり，責任と義務）を付与し，市内13地区の地域経営会議に対して平均200万円以上に及ぶ予算を配当し各種事業を行わせようとしたものである。この地域経営会議の実態に対して，市議会において「市の下請けをさせているのではないか」などとの批判の声があがり，設置条例廃止を視野に入れた再検討をする旨答弁があったものである。（その後，実際に廃止された。）
　2000年の地方分権一括法施行以降，国から自治体への権限の移譲が進んでいる一方，事務・事業の実施根拠となる財源は必ずしも移譲されていないことから，各自治体の財政は厳しくなる一方である。こうしたことを背景に，市町村が域内の住民自治組織などに「分権」と称して事務・事業を肩代わりさせようとする動きが進んだのである。
　これは，住民自治組織を，「分権」の名の下に行政事務の下請け化することであり，住民自治の観点からすれば，許されないことである。
19 Porter, Takeuchi and Sakakibara (2000, p. 89, 邦訳 2000, p. 137).
20 Porter, Takeuchi and Sakakibara (2000, p. 82, 邦訳 2000, p. 126).
21 Porter (1980, pp. xxvii-xxviii, 邦訳 1982, pp. 10-11).
22 Porter (1980, p. xxvii, 邦訳 1982, pp. 10-11).

【参考文献】
Ansoff, Harry I. (1965) *Corporate Strategy*, McGraw-Hill.（広田寿亮訳『企業戦略論』産業能率短期大学出版部，1969年。）
Ansoff, Harry I. (1988) *The New Corporate Strategy* (Arboretum Place Scripts Ranch.（中

村元一・黒田哲彦訳『最新・戦略経営』産能大学出版部, 1990年。)
Chandler, Jr., Alfred D. (1962) *Strategy and Structure*, M.I.T. Press. (三菱経済研究所訳『経営戦略と組織』実業之日本社, 1967年。)
Mintzberg, Henry, Ahlstrand, Bruce and Lampel, Joseph (1998) *Strategy Safari: a Guided Tour through The Wilds of Strategic Management*, The Free Press. (齋藤嘉則監訳木村充・奥澤朋美・山口あけも訳『戦略サファリ 戦略マネジメント・ガイドブック』東洋経済新報社, 1999年。)
Porter, Michael E. (1980) *Competitive strategy: techniques for analyzing industries and competitors: with a new introduction*, The Free Press. (土岐坤・中辻萬治・服部照夫訳『競争の戦略』ダイヤモンド社, 1982年。)
Porter, Michael E. (1985 ; 1998) *On Competition*, Harvard Business School Publishing Corporation. (竹内弘高訳『競争戦略論Ⅰ』ダイヤモンド社, 1999年, 竹内弘高訳『競争戦略論Ⅱ』ダイヤモンド社, 1999年。)
Porter, Michael E., Takeuchi, Hirotaka and Sakakibara, Mariko (2000) *Can Japan Compete?*, Macmillan Press. (竹内弘高著・榊原磨理子協力『日本の競争戦略』ダイヤモンド社, 2000年。)
加護野忠男 (1996)「経営戦略とは何か」石井淳蔵, 奥村昭博, 加護野忠男, 野中郁次郎『経営戦略論〔新版〕』有斐閣。
内閣府国民生活局 (2003)『ソーシャル・キャピタル―豊かな人間関係と市民活動の好循環を求めて―』国立印刷局。
内閣府国民生活局 (2007a)「平成18年度国民生活モニター調査結果(概要)(町内会・自治会等の地域のつながりに関する調査)」2007年8月24日 (http://www5.cao.go.jp/seikatsu/monitor/chiikitsunagaricyousa070824.pdf, 2008/11/29)。
内閣府国民生活局 (2007b)『平成19年版国民生活白書 つながりが築く豊かな国民生活』2007年7月12日 (http://www5.cao.go.jp/seikatsu/whitepaper/h19/01_honpen/index.html, 2007/10/14)。

第8章
自治会・町内会の人材育成論

はじめに

　本章では，自治会・町内会における人材育成について，その重要性，必然性，諸特徴などについて検討し，その人材育成策を提案する。

　第1節「人材育成論を扱う意義」では，特に自治会・町内会における人材育成の意義について明らかにし，第2節では，自治会・町内会における人材育成の特徴について考察する。そして，第3節では，自治会・町内会の戦略的人材育成策について検討する。

　これまで述べてきたように，自治会・町内会は地域限定性があり，かつ，地域唯一性を併せもつことから，その必要とする人材も限定された範域からのみ獲得せざるをえないという制約がある。従って，自治会・町内会における後継人材の獲得は，外部からの調達ではなく，内部での育成によらざるをえない。

　一方，加入率が高い多くの自治会・町内会組織（association）における人材育成は，その地域限定性と地域唯一性から，必然的に地域社会（community）における人材育成に帰結するという重要な利点がある。

　そして，自治会・町内会の後継者育成においては，組長（班長）層への計画的取り組みが特に重要となるのである。

第1節　人材育成論を扱う意義

1．人的資源管理論ではなく人材育成論

　一般企業の人材については，資本と交換に外部市場から調達可能であることから，資源のひとつ（人的資源）ととらえる考え方もある。

　NPOの場合は，必ずしも新たな人材の獲得を考えなくてもよい場合もあろ

う。そもそもボランティアは，田尾（1999）によれば「泡ぶく[1]」であり，ボランティアから組織される多くの NPO も，また，良い意味でも悪い意味でも，スクラップ・アンド・ビルドが容易な組織である。事業分野への参入も自由であり，退出も自由である。そうした生成死滅の回転の速さが NPO の強みのひとつでもある。ミッションと共に素早く組織し，時とともに解体する。時代の変化や社会のニーズにリアルタイムに反応できるのである。

しかし，そうした NPO も長期間にわたる事業継続を望むならば，新たな人材の獲得は避けて通れない課題である。

他方，自治会・町内会は，その機能が包括的であるなど自治体と通底する実態があり，安定的存続が期待されている。その自治会・町内会活動を担う人材についていえば，労働市場からお金で買ってこれないことから，会の資産と交換可能な資源ではない。従って，自治会・町内会の人材に関しては「人的資源（管理）」という用語はなじまない。人材や人財ではあっても，人的資源ではない。

人的資源という用語について，Mintzberg（1975；1989，邦訳 1980；2007）は，「いつでもすげ替えできる」という意味であり，「マネジメントの世界でこれほど不快な造語がほかにあるだろうか[2]」と述べている。筆者も，この点についてはミンツバーグに共感するものである。

しかし，人材育成については，ミンツバーグ自身もその著書の中で特に論じてはいない。

また，古くは Barnard（1938，邦訳 1968）においてリーダーの育成については論じられていても，組織参加者の育成については一切考察されていない。組織参加者については，もっぱらその貢献の獲得と組織均衡について論じられているのである。

あるいは，March and Simon（1958，邦訳 1977）においても，組織構成員の育成については検討されていない。

さらに，サイモンの晩年の研究である Simon（1997，邦訳 2009）においても，新入社員の訓練については触れているものの，長期にわたる育成については論じていない[3]。

このように，経営学研究の先進国である米国において，主要な経営研究者に

おいても人材育成が論じられない点について，次節で検討しよう。

2．米国で人材育成が論じられない理由
(1) 欧米とわが国の人事システムの違い

米国では人材育成が余り論じられない。人材育成は，人材の内製を基本とするわが国独自のマネジメント分野である[4]。

池内（2006）によれば，「日本的経営[5]は世界でも優秀な経営である」といわれてきたが，中でも人事システムの優秀性があげられるとし，以下の4点を指摘している[6]。

① 若年優秀労働力の吸収・定着
② 吸収された若年労働力の教育・訓練
③ 教育・訓練した労働力の徹底的な有効利用
④ 不要労働力の排除

そして，池内は「採用・教育訓練・有効利用・解雇の4つは人事システムの基本であり，近代経営はどこの国の経営においてであろうと，これらを合理的に行うシステムをめざして成立・発展してきた」としつつも，日本の人事システムがこうした4点について独自の内容を備えているとし，「日本型人事システムの性格は，欧米の**契約型**に対して，**所属型**ということができる[7]」とする。

欧米企業の職員採用について，池内は「新規学卒一括採用がない欧米企業」「では，必要な人材を**そのつど採用**という形で雇用する。すなわち，職務体系のうち，どこかに欠員が生じた場合に，その組織の外部または内部からそのつど採用し，充当する。その際には，特定の職務を遂行する能力を保有した適格者の選抜がめざされる[8]」という。

そして，欧米の人事システムの環境として，そのつど採用や，産業別・職種別労働組合[9]，同一労働・同一賃金の原則などを指摘し，他方わが国の人事システムの環境としては，新規学卒一括採用や企業別労働組合などであって，こうしたことから，わが国の企業と従業員の間には，「所属関係・帰属関係が成

立している」とする。「新入社員は，欧米にはない入社式により会社に迎え入れられ，社長の祝辞・訓辞を受け，翌日から新入社員教育を受け，各部署に配置される。・・・（中略）・・・日本では，就職はむしろ『入社』である。・・・（中略）・・・欧米では，契約違反ないし契約外の仕事とみなされる『残業と手伝い』が・・・（中略）・・・日本の会社では当たり前のこととされるのも，所属型のゆえである」とする。そして，こうした「日本企業に所属型の性格を与えている二大要因は，新規学卒一括採用と企業規模別賃金であり，後者の背後には企業別労働組合がある[10]」とする。

さらに，池内は「企業規模別賃金のもとで新規学卒一括採用が行われている」ことにより，わが国企業において「労働力の教育・訓練，有効利用，不要労働力の排除の日本型人事システムが形成されている[11]」と指摘している。

こうしたことから，わが国企業においては「人材の育成こそが戦略となる[12]」のであった。

しかし，わが国のバブル経済の崩壊以降につては，労働分野における大幅な規制緩和も手伝って，雇用が流動化しており，そのことは社会問題の一面ともなっているのである。

3．自治会・町内会における人材育成の必要性

では，なぜ自治会・町内会において人材育成が必要か，改めて確認しよう。

まず，その組織的特徴から，次のことが指摘できる。

① 人材を範域外から採用できず，自組織で内製するしかない。

また，自治会・町内会が住民に対して具体的なサービス提供を行っていることについて，次の点が指摘できる。

② サービス提供者の質の良否が，サービス（事業）の成否を決める。

つまり，自治会・町内会は一面においてサービス提供組織であることから，提供者たる「人」の質の確保・維持が必要であるにもかかわらず，その提供者を

自組織の範域外から採用することができないため，必然的に内製（育成）が求められるのである。

自治会・町内会は，一般企業のように広範な労働市場から人材を獲得できるわけではない。自治会・町内会は，自組織の事業実施者や後継人材を狭い地域の加入世帯[13]の中からしか獲得することができないため，必然的に育成するしかないのである。最初に，そのことを認識することが重要である。手をこまねいていては，人材は育たない。

こうした点が，自治会・町内会において，人材育成がとりわけ重要な理由である。

4．自治会・町内会における人材育成は，最重要課題のひとつ

自治会・町内会自身が，自分たちの組織についてどのような課題があると思っているかについて，これまでみたようにいくつかの調査・研究がある。

いずれの調査からもわかることは，自治会・町内会が抱える問題の第1位は役員のなり手不足であり，解決策は役員層の人材育成ということになる。

5．支援する自治体も認識は低い

自治会・町内会に対して，さまざまな支援を行っている団体として，地元自治体がある。

多くの場合，自治体側に，自治会・町内会の担当窓口があり，自治体からは，各会に対して，補助金や交付金，委託料など様々な形で経済的支援が行われている。

同時に，広報誌や各種事業のPRちらしの配布など，住民世帯に対する配布事務を自治会・町内会に依頼することも多く行われている。防犯灯の日常的な管理と引き換えに，電気代を補助したりもする。また，民生委員児童委員をはじめとする各種委嘱委員の推薦を会に依頼することもあることに加え，会長などは，各種市民委員にあて職で就任が求められることも少なくない。

自治会・町内会と自治体は，多くの場合，日常的に相互依存の関係にあるといえる。

その自治体が，自治会・町内会の抱える課題について，どう認識している

か。
　自治体が考える自治会・町内会の課題は，第1に加入率であり，続いて，依頼業務に関するものである。
　自治会・町内会の人材育成問題は，地元自治体が必ずしも課題として捉えていない。
　これらのことから言えることは，まず，自治会・町内会自身が，自分の問題として率先して人材育成策を企画・立案し，実施する必要があることである。しかし，単位組織の規模が必ずしも大きくないことから，連合自治会・町内会レベルや，全自治体レベルの連合・協議会組織の支援・協力が欠かせないだろう。
　もうひとつは，一番身近で日常的に関係の深い地元自治体側が，認識の相違を理解し，地域社会における人材育成支援策を検討・実施することである。

第2節　自治会・町内会における人材育成の特徴

1．主権者たる住民

　住民自治組織としての自治会・町内会には全世帯加入性という特徴があることから，自治会・町内会は，住民にとって「住民自治の学校」ということができる。
　そして，地域社会における住民は基本的に憲法に規定される主権者であることから，地域における人材育成は，必然的に，自治を担う主権者の育成に帰結する。
　自治会・町内会における人材育成を考えるとき，こうした視点を忘れないことが重要である。
　2000年に地方分権一括法が施行されて以降，21世紀は地方の時代・自治の時代となり，地方自治の一方の担い手たる地方自治体による団体自治に加え，もう一方の地方自治の担い手としての地域住民自身による住民自治が，今まさに求められているのである。この方向への社会圧力は，年々強くなる一方である。

2. 自治会・町内会の人材育成に係る特徴

ここで，改めて，自治会・町内会の人材育成に関わる諸特徴を整理してみよう。

先に記述した自治会・町内会の諸特徴から帰結するものとして，人材育成について下記①の基底的特徴がある。これらの変更は，不可能か困難である。

① 基底的特徴
- 地域限定性　　　　人材の供給元・排出先が限定的な地域社会
- 唯一性（独占性）　地域における組織の存在が唯一無二
- 非専門性　　　　　大企業のような専門経営者の不在
- 相互交換性　　　　サービスの提供者と受け手が同じ地域住民
- 非営利性（社会性）組織目的が金銭的成果ではなく社会目的
- ボランティア　　　役員等がボランティアで多くは無報酬

また，その他の特徴として，下記②の派生的特徴がある。これらは，変更・改善が可能である。

② 派生的特徴
- 人材問題の重大性　最重要課題が人材不足，後継者問題
- 人材管理の不在　　地域社会における人材管理の不在
- 無計画性　　　　　地域社会における人材育成計画の欠如
- 評価の不透明性　　業績に対する評価・処遇が不透明
- 半行政性　　　　　自治体から代表者への行政委嘱問題や下請け問題

また，企業目的はゴーイング・コンサーン（Going Concern）であると言われるが，自治会・町内会のような地域組織こそゴーイング・コンサーンが至上目的であり，後継人材の育成は必須である。「いない」から「育てる」経営に，会長以下の役員も認識を改める必要がある。

では，改めて，育成対象としての「人材」とは誰のことか考えてみよう。

図表8-1は，一般企業の組織階層を横から見たものである。

図表 8-1 一般企業の組織階層（側面図）

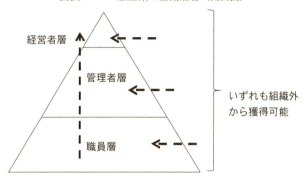

各層の人材は、下から昇るルートと、外から入るルートがある。
（出所：筆者作成。）

　一般企業は，組織階層のどのレベルにおいても，その人材を組織の外から獲得することが可能であり，最高経営責任者の外部からの獲得も決して特別なことでなくなった。
　また，わが国においては，組織内で育成していく方法も同時に採用されており，経営管理者の育成は外注と内製とが併用されているといえる。
　次に，図表 8-2 は，自治会・町内会の組織階層を横から見たものである。

図表 8-2　自治会町内会の組織階層（側面図）

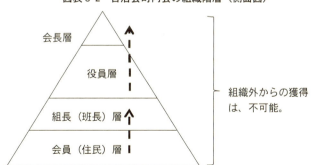

各層の人材は、外から入るルートはなく，下から昇るルートしかない。
（出所：筆者作成。）

自治会・町内会は，多くの場合，会長層，役員層，組長（班長）層，会員（住民）層の，4層構造となっている。

　ここで特徴的なのは，組長（班長）層は，その下の会員（住民）層から，毎年順番で選ばれる点である。

　役員層以上は，一部に順番などによるところがあるものの，多くは選挙によるものである。

　先に指摘したように，自治会・町内会は他地域（組織外部）から人材を獲得することができないことから，人材の獲得は内製（育成）によるしかないのである。

3．地域の中で必要とする人材を地域で育てる
(1) 自治会・町内会における人材育成は地産地消・自給自足

　自治会・町内会のような地縁による組織の最大の特徴は，そこに住む人が自分の所属すべき組織を他に選択する余地がないことである。

　地縁によらない組織であれば，各自の関心や目的に応じて世界中のどこにある組織にでも加入することが可能であるのに比し，地縁による組織については，組織への加入者側も受け入れる組織側も基本的に常に1対1の関係にある。

　地縁による組織を構成する人材の特質は，その地域住民に限られるということである。どんなに有能な住民が隣りの地区にいても，その人を自地区組織の会長や役員にすることはできない。企業組織などのように，全国的・全世界的に獲得することもできない。

　つまり，有限な所与の人材の中から役員・スタッフを構成せざるを得ない。

　だからこそ，後継人材の計画的育成と適切な管理が強く求められるのである。

(2) スタッフの採用と必要な能力

　一般に，非営利組織のスタッフ採用については，独自のミッションと特徴をもつ組織自身が自ら適した人材を求めることが望ましいとされる。

　島田（2003）は，「非営利組織における給与に関しては，能力主義や業績主

義が導入されることが望ましい」とするが,自治会・町内会の場合はスタッフは基本的に無給である。

自治会・町内会といった地縁による非営利組織のスタッフに必要な能力は,ミッションを現実的目標にブレークダウンする能力や目標達成をする能力(責任感,実行力,行動力,調整力,説得力,理性,常識,社会性,協調性,良識,理念を具体化する企画力)である。また,住民を統合する人望,協調させる力も必要である。

(3) 人材の獲得と育成の流れ

次に,一般企業,地場の中小企業,自治会・町内会における人材の獲得と育成の姿の概略について,比較してみよう。

まず,一般企業の場合は,比較的広い社会から人材を獲得した後,育成・活用し組織の外に排出するが,排出先もまた広い社会である(図表8-3)。

図表8-3 一般企業の人材フロー(側面図)

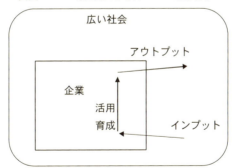

(出所:筆者作成。)

続いて,地場の中小企業は,比較的狭い社会から人材を獲得した後,育成・活用し組織の外に排出するが,排出先もまた比較的狭い社会である。その点,組織内で育成された人材は同一の地域社会の中で再度活用される可能性がある(図表8-4)。

図表 8-4 地場中小企業の人材フロー（側面図）

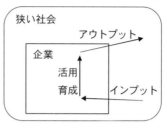

(出所：筆者作成。)

　中小企業の場合，組織も小さいし社会も小さいものの，地場の中小企業は地域人材の育成機能を一部果たしているといえる。
　最後に，自治会・町内会の場合であるが，その人材は組織内（加入世帯内）からしか獲得できない（図表 8-5）。従って，加入率が高ければ高いほど獲得できる人材の数や可能性が増すことになる。

図表 8-5　自治会・町内会の人材育成（側面図）

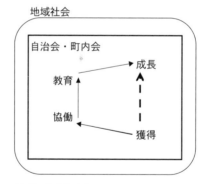

(出所：筆者作成。)

(4) 自治会・町内会の人材育成は地域社会の担い手づくり

　自治会・町内会内での人材育成サイクルは，地域社会における組織加入率が全国的には 8 割程度と推定されることから，狭い地域社会の中で，地域組織（association）と地域社会（community）がほぼ重なるようにして，回っているようにみえる。

つまり，地域社会では，自治会・町内会の組織活動プロセスの中で地域社会の人材が育成されているということである。端的にいえば，自治会・町内会は，地域社会における人材育成機関であるといえる。図表8-5でいえば，地域人材は，組織内で獲得されてから，実践的な協働体験を経て様々な人との触れ合いにより教育され，地域の課題や解決策に取り組む中で成長していくのである。

自治会・町内会の人材育成とは，地域社会の担い手づくりである。その点，自治会・町内会における人材育成は，地域における社会教育的側面を併せ持つこととなる。

自治会・町内会の人材については，要するに，組織（≒地域）の外から人材を獲得できない以上，組織内で育成するしかない。併せて，加入率の向上を図っていくしかないのである。

その一方，限定された地域の中で人材を育てることは，地域社会に対して高いフィードバック効果があるといえる。こうしたシステムが，地域社会における信頼や互酬性の規範，ネットワークといったいわゆるソーシャル・キャピタルを醸成する枠組みを提供しているといえる。

自治会・町内会における人材育成の効率性についていえば，加入率100%で，組長の交代が毎年，組下世帯が10世帯ならば，10年間自治会・町内会活動を通して教育的事業を計画的・継続的に行うことにより，自治会・町内会の全組織構成員を自治的に育成できる可能性があるのみならず，地域社会のソーシャル・キャピタルの醸成も可能性があるということである。ここに，自治会・町内会活動の比類ない重要性と不可避的役割がある。

しかし，逆に，加入率が50%を割るほど低い自治会・町内会においては，組織内における人材育成そのものが困難であることに加え，上記利点の効果が薄いことから，地域社会全体を維持するための人材獲得についても，難しい状況にあるだろうことが推察される。そうした場合は，一方で自治会・町内会の抜本的な組織強化・加入率向上を図りつつ，併せて地元自治体やNPOなど他の社会組織との連携により地域人材の育成を図ることになろう。

第3節　戦略的人材育成

1．単位組織では育成困難なため連町・自治体との協力が不可欠

　組織における教育の3本柱は，一般的には，日常業務を現場とした指導（On the Job Training；OJT），現場を離れた研修（Off the Job Training；OffJT），および自己啓発である。

　集団研修プログラムとしては，階層別プログラム（職位ランクに応じたマネジメントやリーダーシップの研修），職能別プログラム（職能に応じた専門的知識などの研修），共通プログラム（組織全体に共通するテーマで，ミッション理解や接遇訓練などのプログラム）が考えられる。

　中小企業に対しては，地元商工会議所などが数多く研修を行い，人材と経営者の育成をはかっている。

　自治体も，地元経済の発展を期して，各種の研修会・セミナーなどを企業向けに開催している。

　一方，自治会・町内会の場合には，こうした支援制度が乏しい。

　自治会・町内会役員の交代は単年度が基本であるが，機械的に役員が毎年入れ替わる場合と，再任される結果，実質的に長年入れ替わらない場合とがあるので，研修プログラムは各々に応じて作られる必要がある。

　また，自治会・町内会については，多くの場合，地元自治体に各組織に応じた担当課があるので，行政に対してそうした研修機会を提供するよう要請することが有効である。また，単位自治会・町内会の上位協議機関として，市区町村組織・都道府県組織・全国組織などに加入している場合は，上位組織が企画する研修等に参加するという方法もある。

　単位組織が自分で研修機会を企画して実施するのは，各単位組織の規模からいって容易ではない。

　自治会・町内会の場合，各地域に独自の課題があることが少なくないので，連合自治会・町内会がイニシアチブをとり，組織横断的な研修や情報交換，共通課題確認の場を設けることも有効と考えられる。

2．子ども会・PTAなど他組織からの情報獲得と調達
(1) 地域人材の発見

そもそも，地域社会とのかかわりは，定住することがその契機となる。図表8-6により，地域住民と地域組織との関わりの変遷に基づいて，人材発見の機会を確認しよう。

最初に，幼稚園や保育園の保護者会の役員の中から，その地域における人材の発見ができる。

次に，学齢期児童を対象とした子ども会育成会の役員は，引き続き女性人材が主たる担い手である。単位子ども会の協議会や連合組織の中には，男性役員も登場してくる。

その後に続く小学校PTA役員の中に，下からあがってきた役員候補のほか，男性人材の出現が見られる。多くの役員が女性であるものの，会長や地区・校外委員会などには男性役員も少なくない。

子が中学校にあがると，その保護者たちは，PTA役員はもとより，おやじの会や青少年育成指導員として活動参加することがある。この場合の主役は，もはや女性ではなく，男性が中心となる。心身ともに激しく変化する時期の子どもたちを心身ともに指導するのは，学校教師のみの力では不足であって，地

図表8-6 世代階梯に付随する地域の所属組織（例）

		保護者会	子ども会育成会	PTA・おやじの会	青年会	消防団	婦人会	自治会・町内会	老人会
老年期（60代〜）								○	○
壮年期（30代〜）		○	○	○	×	×	○	○	
青年期	社会人				×	×			
	大学生				×	×			
	高校生				×				
子が少年期	中学生			○					
	小学生		○	○					
子が幼年期	幼・保	○							

（出所：筆者作成。）

域社会全体として彼ら・彼女らを受け止め，教育・指導していくことが必要である。そうした期待を担うのは，お父さん（おやじ）たちである。
　この中学校区や連合自治会・町内会の区域までが地域の範域である。
　一方，高校に子どもが入ると，その通学圏は広域となり，通学手段もバス・電車がめずらしくなく，もはや共通する地域の認識は希薄になる。生徒たちも，自立した存在として広範囲に移動し，活動する。PTA活動はあるものの，内容は間接的・部分的なものとなり，生徒たちの自立とともにその関係性も距離のあるものとなる。
　自子が成人し，家庭教育や地域の社会教育から離れていく頃には，保護者も40代〜50代になり，その社会経験や企業組織での経験を活かして，スポーツ指導委員や交通指導員，社会福祉推進員，あるいは自治会・町内会活動などにかかわり始めるようになる。
　そして，退職すれば，それまで断っていた地域の主要な役職にもかかわらざるをえないようになるのである。時には，民生委員児童委員・保護司といったきわめて重い職が待っていることもある。
　しかし，ここで考えなくてはいけないのは，活動の参加者を広げていくことはもちろんであるが，この最初の参加者を大切にしているかどうかである。せっかくの参加者を失望させていないだろうか。一度参加した住民が次回も参加したいと思うように，事業活動を成功的に行うと共に，参加した住民に対しては学習と成長の機会となるように工夫したい。そうした参加者を「発見された人材」ととらえ，大切に育成する必要がある。

(2)　組織文化の伝承

　会員が，そのミッションに共感して進んで入会するNPOと異なり，住民が出生や転入といった契機（地縁）により半ば自動的に加入することの多い自治会・町内会の場合，会員の組織文化に対する姿勢が異なるだろう。
　NPOの場合は，ミッションに賛同し自分で選択して入会した以上，自身がその組織文化に同化する義務がある。他方，自治会・町内会の場合は，組織文化を承認して入会するわけではない。そうした点について明確な説明や理解が不十分のまま，半自動的に入会するのである。

だからこそ，組織文化や会則については，会員に繰り返し伝えていく必要がある。そうしなければ，死亡・転出等により古い会員がいなくなり，出生・転入などにより新しい会員が増えるにつれて，自治会・町内会組織の組織文化は希薄になっていくことになる。すなわち，自治会・町内会の組織文化は日々希薄になっていると考える方が適切だ。

そうした中で，自治会・町内会において人材育成するためには，まず組織文化の伝承が必要であるし，組織文化を伝承する過程で育成する視点が重要である。このことは，住民の地域に対する理解と愛着の増加にも結びつく。

(3) 地域人材のリスト化は連合組織のイニシアチブで

自治会・町内会による人材育成策としては，連合組織とともに，地域社会にどのような経歴と能力，意欲をもった人材がいるのか，まず，記録することから始める必要がある。

次に，地域で必要なポストのリスト化である。地域組織にどのような担うべき役職があるのか，必要な組織ポストのリスト化を行う。その次に，地域人材のリスト化である。

地域人材のリストは会長の頭の中にしまっておくのでなく，個人情報の保護に留意しながら，文字化した情報にするべきである。行事などが終われば，そこで発揮された成果と評価を記録する。そして，可能性のある住民たちが，保護者会役員，子ども会育成会役員，小学校PTA役員，中学校PTA役員，青少年育成指導員，少年補導員，青年会役員，消防団分団役員，スポーツ指導委員，地区体育振興会役員，保護司，民生委員児童委員，民生委員児童委員協議会地区部会役員，社会福祉推進員，社会福祉協議会地区部会役員など，地域社会を担う人材に育つことを目指すのである。

地域人材をリスト化する部署について，自治会・町内会の連合組織が適切な理由は，地域社会に存在する組織の範域が単位自治会・町内会区域を最小として，最大で中学校区程度までの広がりを持っているため，単位自治会・町内会では把握できないからである。中学校区などと重なることの多い範域をもつ連合自治会・町内会だけが，地域組織の役職のリスト化と地域人材の把握を行うことができる。

これを行わないと，自治会・町内会の役員をお願いしようと思っていたところ，小・中PTAの役員が内定しており当てにしていた人にお願いできなくなった，などということが起きる。

団地自治会のようなある程度大きな組織であれば，体系的な教育・研修や計画的な職務ローテーションも可能であろう。しかし，多くの自治会・町内会では，子ども会育成会など他組織の人選には介入できないため，計画的な職務ローテーションは難しい。

役職の依頼については，本人の意思が何より大切ではあるが，ある程度は各組織に心づもりがあった方が混乱はない。

また，各自治会・町内会は，退職者が入って来やすいよう活動の仕方などを柔軟に変えていく必要がある。例えば，会計事務，庶務事務，企画，マーケティングなど，企業で培った能力を発揮できるよう役職を用意することも有効であろう。

さらに，各企業は，自ら育てた人材が組織から去っていくに際して，地域社会への貢献のひとつとして，地域組織での活動を薦めてみてはどうだろうか。

最良の方策は，連合自治会・町内会以上の範域において，常設的な経営教育機関の共同設立ができるとよいだろう。その際は，連合自治会・町内会がイニシアチブを発揮しつつも，やはり地元自治体の協力・支援が必要であろう。

3．地域人材の育成大系—組長層の計画的な育成を—
(1) 地域人材の育成大系

自治会・町内会は，図表8-2に示したように，会長層以下，役員層，組長（班長）層，会員（住民）層と，4層構造の組織になっている。

会長と役員は，多くの場合，選挙による選出となっているが，他方，組長（班長）は組下住民の年季当番であって，順番ボランティア[14]である。

図表8-7により，自治会・町内会の人材育成体系を説明しよう。

まず，会長層に対する教育は，必然的に経営者教育となる。役員層に対すると同様，自会で行うことはきわめて難しく，上位組織や他組織，地元自治体からの支援が欠かせない。そのほか，都道府県連などの研修機会があれば，利用したい。

図表8-7　自治会・町内会における育成体系（断面図）

職位	選出方法	組織の階層	教育・訓練等の区分	
経営者	選挙等	会長層	学習・訓練・Off-JT	広報・情報共有
管理監督者	選挙等	役員層		
執行担当兼代議員	順番	組長（班長）層	教育・OJT	
		会員（住民）層	体験学習・社会教育	

（出所：筆者作成。）

　また，地元に大学等の高等教育機関があれば，そうした機関との連携・協働・地域貢献の場なども貴重な機会となろう。

　つぎに，役員層に対する教育は管理者教育であり，学習・訓練・OJT・Off-JTが中心となる。ここの階層に対する教育も自会で実施することは難しいので，会長同様連合自治会・町内会や市区町村，NPO，研究機関など，態勢のある組織からの協力と支援が必要となる。

　そして，組長（班長）層には職務を通じたOJTや一般的教育機会の提供が有効と考えられる。

　組長（班長）層に対する教育・OJTの実施主体は，会長以下の役員層になる。

　他方，会員たる組下一般住民に対しては，事業参加の際の体験的学習や回覧板，町内掲示板などを通じた教育が，計画的・意図的に行われる必要がある。ここでは，社会教育的な活動が期待される。

　最後に，全階層を通じて，地域や自会の活動・実情についての情報の共有が必要であり，それは広報・情報共有と表記している。

　従来から居住している住民であれば，地域の歴史や文化・伝統についてある程度の知識を持っているものの，転入して間もない住民であれば，地域の歴史

や守るべき文化・伝統について知識を持たないことが少なくないことから，自らの地域社会に関して一般的・社会教育的な学習の場となるような活動・機会づくりが重要である。

さらに，退職者の持っている知識・経験を受け容れ，発揮できるよう，地域人材バンクのような機関を作っても効果的だろう。その運営主体は，連合自治会・町内会になろう。

自治会・町内会を支援する立場の地元自治体が取り組むべき支援策については，まず，その前提として，自治会・町内会が抱える最重要課題は人材育成問題であることをよく認識する必要がある。

21世紀の地域社会では，住民自身によって住民自治が推進されていくことが期待されている。自治会・町内会は，その推進母体として機能することができる。そして，そうした地域における人材育成の要諦は，信頼・互酬性の規範・ネットワークといったソーシャル・キャピタルを豊かにする方向を目指すことである。そうすることにより，地域人材育成を好循環させることができる。

(2) 組長（班長）層の計画的育成

組長（班長）層については，組下住民の年季当番による順番ボランティアであることから，もっとも計画的・意図的に教育機会を設ける必要がある。そうすることにより，一定の期間はかかるものの，全加入世帯住民に対して計画的な教育を実施することができる。

祭礼やリサイクル活動など，会の事業活動の場を通じて，組織運営の実際や他住民とのコミュニケーションのとり方などを，体験的・実践的に学修・習得することを期するのである。

(3) 青壮年世代の獲得

前節の図表8-6にみたように，現代の地域社会においては，青年期から壮年期の住民が伝統的な地域組織から遊離していることがわかる。

地域社会においては，歴史的に，幼・少年期から老年期まで，それぞれの世代階梯ごとに加入すべき組織が存在していた。そして，それらの組織内におい

て，知識と経験，規範，人的ネットワークなどが形成されていたと考えることができる。

高校生から20代（未婚期）に地域社会とかかわりを持つことで，失われた環をつなげることができる可能性がある。

こうしたことを実施する際に大切なことは，次の3点である。

① 地域社会組織の側から，この世代に手を伸ばすこと。待っていても来ない。
② 高校・大学などに，授業の一環や課外のボランティア活動として，学生・生徒たちと地域社会とのかかわりを企画・実施するよう働きかけること。（この点については，一部の大学などで実績がある。）
③ 地元企業にも，若手社員（未婚者）が地域とのかかわりをもてるよう配慮を求めたり，地域活動への参加の機会を申し出ること。

また，地元自治体や子ども会育成会などが支援している10代半ばから20代までを対象世代としたジュニア・リーダー活動なども，補完的に有効である。環境保護や美化活動など様々な形で，若い人の地域でのボランティア活動を振興する必要がある。

こうした取り組みを通して，地域における人材育成の過程に懸け橋を作るようにすることが求められている。

おわりに

本章では，自治会・町内会における人材育成について，その重要性，必然性，諸特徴などについて検討し，地域社会における人材育成策の一端を示した。

単位自治会・町内会の範域から，最大で中学校区等と重なることのある連合自治会・町内会程度の範域までを考えると，こうした地域社会に存在する各種地縁組織を維持するために必要な役職をリスト化したのち，地域にいる人材を名簿化し，両者をマッチングすることが効果的と考えられるが，そうした役割を持てる組織は連合自治会・町内会しかない。

単位自治会・町内会で人材育成を行うことは容易ではなく，連合自治会・町内会や，その上位に位置する地元自治体レベルの会長会・協議会組織，あるいは，市区町村，更には，都道府県・全国レベルの協議会組織が育成プログラムを持つことが大切である。

本章で示した点は，第1に，組長（班長）層に対する計画的教育が，自治会・町内会の人材育成において重要であり有効であること。

第2には，地域人材育成の要点として，世代階梯を組織的につなげること。

第3には，役員・会長といった経営管理者層の教育を独自の課題として取り組むべきこと。会長職の育成については，次章で検討しよう。

第4には，こうした地域的な人材育成においては，単位組織より大きな連合自治会・町内会や地元自治体といった組織の役割が大きいこと。

第5には，自治会・町内会といった地縁組織における人材育成が，必然的に地域社会を担う人材の育成になること。

そして，第6には，第1と第5の点から，自治会・町内会における組長（班長）層への組織的・継続的な教育によって，地域社会全体のソーシャル・キャピタルが効果的に改善される可能性があること，である。

注

1 田尾（1999, p. 7）は，ボランティアを泡に例えて，「泡のようなといえば，語弊はあろうが，勝手にブクブクと泡立ち，また消えていくような，そのうちいくつかは泡のまま残るようなことはあっても，所詮泡であるから不確かなことこの上ない。ボランティアは泡である」といっている。
2 Mintzberg（1975 ; 1989, p. 99, 邦訳 1980 ; 2007, p. 104）。
3 Simon（1997, pp. 220-222, 邦訳 2009, pp. 341-343）.
4 米国において人材育成が論じられない理由のひとつとして，その建国の歴史があると考えられる。米国は移民によりできた国であり，必要とする労働力は外部（労働市場）から自由に獲得することができたため，内製する必要性が乏しかったのであろう。他方，日本においては，江戸時代，居住地からの移動の自由がなかったことに加え職業選択の自由もなかったことから，地域で必要とする人材は，限られたその地域内で育成するしかなかった。こうした社会の有り様の違いが，人材の確保・育成に対する違いを生んだ可能性がある。この点については，別途研究を要する。
5 日本的経営の特質とは，「終身雇用・年功制・企業別労働組合の三本柱ないし三種の神器」とされてきたものである（池内 2006, p. 110）。
6 池内（2006, p. 98）。
7 池内（2006, p. 99）。
8 池内（2006, pp. 99-100）。
9 池内（2006, pp. 115-116）によれば，「欧米の労働組合は，産業別・職種別労働組合である。労働者はまずいかなる職種をこなす能力をもつかによって，産業別あるいは職種別に組織された労働

組合の一員となる。かくして労働組合は様々な企業に雇用される労働者を抱え，企業横断的・企業外的な存在として労使対等の姿勢を貫き，賃金その他の労働条件についての団体交渉を行う。その結果，どこで勤務しようと同一労働・同一賃金の原則に立った産業別・職種別の企業横断賃金が成立することとなる。労働者が特定の企業は離れても，彼らは依然としてその労働組合の一員である。」

10 池内（2006, pp. 98-102）。
11 池内（2006, p. 103）。
12 池内（2006, p. 103）。
13 辻中・ペッカネン・山本（2009）によれば，単位自治会・町内会の加入世帯は，平均値が 228.9 世帯，中央値が 107 世帯である。
14 筆者は，順番により受任し主体的に活動するボランティアを，順番ボランティアと名づけている。

【参考文献】

Barnard, Chester I. (1938) *The Functions of the Executive*, Harvard University Press.（山本安次郎・田杉競・飯野春樹訳『新訳経営者の役割』ダイヤモンド社，1968 年。）

March, James G. and Simon, Herbert A. (1958) *Organizations*, John Wiley and Sons.（土屋守章訳『オーガニゼーションズ』ダイヤモンド社，1977 年。）

Mintzberg, Henry (1975) "The Manager's Job: Folklore and Fact", *Harvard Business Review*, July-August in Mintzberg, Henry (1989) *Mintzberg on Management: Inside Our Strange World of Organizations*, The Free Press, pp. 7-24.（DIAMOND ハーバード・ビジネス・レビュー編集部訳「管理者の職務：その伝説実際の隔たり」ハーバード・ビジネス・レビュー編集部『ダイヤモンド・ハーバート・ビジネス』ダイヤモンド社，1980 年 2 月号。再掲『H.ミンツバーグ経営論』ダイヤモンド社，2007 年，pp. 3-53。）

Simon, Herbert A. (1997) *Administrative Behavior: A Study of Decision-Making Processes in Administrative Organizations [4th Edition]*, The Free Press.（二村敏子・桑田耕太郎・高尾義明・西脇暢子・高柳美香（翻訳）『新版 経営行動—経営組織における意思決定過程の研究』ダイヤモンド社，2009。）

池内秀己（2006）「日本的経営」三戸浩・池内秀己・勝部信夫『ひとりで学べる経営学』文眞堂，pp. 97-138。

島田恒（2003）『非営利組織研究　その本質と管理』文眞堂。

田尾雅夫（1999）『ボランタリー組織の経営管理』有斐閣。

辻中豊・ロバート・ペッカネン・山本英弘（2009）『現代日本の自治会・町内会―第 1 回全国調査にみる自治力・ネットワーク・ガバナンス―』木鐸社。

第9章

自治会・町内会の経営管理者論

はじめに

　本章では，自治会長・町内会長に対して，経営学各論のうち，経営管理者論の適用を試みる。

　本章の目的は，第1には，自治会長・町内会長に対して経営管理者論の光をあて，経営管理者としての自治会長・町内会長のあるべき姿を描き出そうというものである。

　また，第2には，自治会長・町内会長に経営管理者論の光をあてることにより，自治会・町内会の致命的課題である後継者の獲得・育成について，対策案を導出することである。

　本章の概要は以下のとおりである。

　まず，第1節「経営管理者論の概要」では，経営管理者論について，主要な研究者の所論を確認する。

　そして，第2節「企業経営管理者と自治会長・町内会長の比較」では，経営管理者論が明らかにしたことに，自治会長・町内会長の実状をあてはめ，比較してみる。ここでは，自治会長・町内会長の実態に対する既存の経営管理者論の当てはまり具合が確認され，当てはまるところと過不足する所とが明らかになり，住民自治的非営利組織である自治会・町内会の経営管理者が，企業のそれとは異なる特性を持つことが示される。

　最後の，第3節「自治会長・町内会長の獲得と経営管理者への育成」では，自治会・町内会が抱える最大の課題のひとつである後継者問題について，その獲得・育成策の提案を行う。

　「おわりに」では，本章のまとめと研究上の限界や今後の課題について記す。

第1節　経営管理者論の概要

1．フェイヨルによる経営管理者論

　近代経営学の歴史の中で，最初に経営管理者論を展開したのは，アンリ・フェイヨル[1]である。まず，最初に，フェイヨルの経営管理者論を確認しよう。

　Fayol（1916；1962，邦訳　1958）は，企業活動と管理機能（上級経営責任者の役割）について，図表9-1のとおり整理している。

図表9-1　企業活動と管理機能の構成

```
                ┌─ 技術機能
                ├─ 商業機能
      企業活動  ├─ 財務機能 ┬─ 予測
                ├─ 保全機能 ├─ 組織
                ├─ 会計機能 ├─ 命令
                └─ 管理機能 ├─ 調整
                            └─ 統制
```

（出所：Fayol（1916；1962，pp.1-5，邦訳 1958，pp.3-8）により筆者作図。）

　Fayol（1916；1962，邦訳　1958）は，企業活動は技術機能以下管理機能までの6個の機能に分類されるとする。

　技術機能とは，生産，製造，加工であり，商業機能とは，購入，販売，交換であり，財務機能とは，資本の調達と管理である。

　また，保全機能とは，財産及び人員の保護であり，会計機能とは，財産目録，貸借対照表，原価，統計等のとりまとめである。

　最後の管理（administration）機能の定義として，「企業の全般的活動計画を作成し，社会体を組織し，努力を調整し，諸行為を調和せしめる責務」をもったものであり，予測，組織，命令，調整，統制の5個の要素からなるとす

る²。

個々についていえば，まず，予測（prévoyance）とは，「将来を精査し，活動計画を作成すること」であり，次の組織（organisation）とは，「経営の物的，社会的な二元的組織体を構成すること」であり，3個目の命令（commandement）とは「人員を機能せしめること」であり，4個目の調整（coordination）とは，「あらゆる行為並にあらゆる努力を結集して，統一し，調和すること」であり，最後の統制（contrôle）とは，「樹立された規則，与えられた秩序に従い，推移する事情を何事によらず監視すること」であるとする。

そして，「管理は，上級責任者の任務・・・（中略）・・・のうちで，一つの極めて大きい地位を保持している」ので，時に，上級責任者の任務は「専ら管理的なものと思われる」としている³。

つまり，上級経営責任者の任務の太宗は，上記の，予測，組織，命令，調整，統制であり，上級経営責任者に「不可欠な能力は，管理能力である⁴」というのである。

2．バーナードによる経営管理者論

フェイヨルと同様に，経営者として経営学の黎明期に経営管理者論を開拓したのは，チェスター・I・バーナードであることから，続いて，その所論を確認しよう。

バーナードの使う "executive" が，邦訳（1968）の中では，「経営者」と訳されたり「管理者」と訳されたりしているが，意味内容としては，ドラッカーやミンツバーグが使う "manager" と同様の意味であり，ここで言う「経営管理者」と同じと考えて良い。

経営者の職能について，Barnard（1938，邦訳 1968）は，「公式組織における統制（control），管理（management），監督（supervision），経営（administration）の職能である。これらの職能は，公式組織内の高級職員によっておこなわれるのみでなく，あらゆる段階で統制的地位にあるすべての人々によってもおこなわれる⁵」としている。

そして，結論的にいえば，「管理職能は，第1に伝達体系を提供し，第2に

不可欠な努力の確保を促進し，第3に目的を定式化し，規定することである。・・・（中略）・・・管理職能は相当の専門化が可能であり，各職能としては事実上，相当程度まで分離できる[6]」とする。

バーナードは，組織的意思決定は，複数の経営管理者に分与・移譲されうると考えており，そしてそのことが組織的意思決定の専門化を意味すると考えているのである。そして，そのことを「管理者職能の本質」と規定しているのである。

バーナードの「組織的意思決定は，複数の経営管理者に分与・移譲されうる」という指摘は，ドラッカーにも見られる点である。

3．ドラッカーによる経営管理者論

第二次世界大戦後に経営管理者論を大きく前進させたのは，ピーター・F・ドラッカーであった。

ドラッカーの所論について，主著のひとつ『経営者の条件』により，検討しよう。

ここで，経営者の定義について，ドラッカーは，「その地位ゆえに，あるいはその知識ゆえに，彼らの日常業務の上において，組織全体の業績や，成果に対して，きわめて重要な影響をもちうるような決定を下すことが期待されている管理者（managers：筆者注），ないしは専門家といった知識労働者を，私は，ここで＜経営者＞（executives：筆者注）とよんでいる[7]」としている。

ドラッカーの規定によれば，自治会長・町内会長は，管理者であり経営者である。

また，Drucker（1966, 邦訳 1966）によれば，「効果的であること，それが経営者の職務[8]」である。

そして，経営者の「効果性は学ばれうる（Effectiveness Can Be Learned：筆者注）[9]」のである。

自治会長・町内会長も，地域社会と地域住民から，その組織の効果的な目的達成を期待されていることは事実である。ドラッカーの言うように，自治会長・町内会長も，効果的であることが期待されているといえる。

一方，ドラッカーは，経営者が効果的であろうとするにもかかわらず，それ

を阻害する状況があるとし，次の4つの制約条件を指摘している[10]（（　）内は筆者付記）。

① だれもが，自由に経営者の時間を奪うことができるし，だれもが現実にそうしていること。（時間的制約）
② 経営者が現実を変えるために，積極的な行動をとらないかぎり，つねに＜日常業務をやりやすくする＞ことだけに追われざるをえないこと。（日常業務からの制約）
③ 経営者は，組織の中で働いている人びとが，経営者の貢献を十分効果的に活用する場合においてのみ真に効果的たりうるということ。（組織的制約）
④ 経営者が組織の内部にいること。（外部環境からの隔絶という制約）

　自治会長・町内会長についていえば，時間的制約と日常業務からの制約は，全くそのとおりであると言わざるをえないが，組織的制約と外部環境からの隔絶という制約については，必ずしも，民間企業ほどではないように考えられる。
　その理由は，自治会長・町内会長が，直接的に事務を取り扱うことが少なくなく，また，行政や他組織の担当者などと直接交渉する場面が少なくないからである。自治会長・町内会長は，自分のオフィスも専用電話も持っていない。この点は，自治会長・町内会長の最大の悩みである時間的負担感を形成している要因であるが，それによって，逆に，民間企業の経営者が持つ制約条件を，少し回避できているといえる。
　また，ドラッカーは，効果的な経営者となるために身につけなければならない＜習慣＞，「効果的な経営者の条件」として，次の5点を挙げている[11]（（　）内は筆者付記）。

① 効果的な経営者は，彼の時間の過ごし方につねに気を配っている。彼らはコントロールしうる限られた時間を管理することに組織的な努力を傾ける。（時間重視志向）

② 効果的な経営者は，行動するにあたって，究極の目的に対する彼らの貢献に焦点を合わせる。彼らは，仕事そのものよりは達成すべき成果のほうにその努力を傾ける。(成果志向)
③ 効果的な経営者は，彼らの強み，上役の強み，同僚の強み，部下の強み，さらに状況に内在する強み，つまり，実行可能なことをよりどころにする。(強み志向)
④ 効果的な経営者は，すぐれた実践によってきわだった成果をあげることが期待されるようないくつかの重要領域に努力を傾ける。(重要案件集中志向)
⑤ 効果的な経営者は，効果的な決定を下す。(効果的意思決定)

　自治会長・町内会長の場合も時間管理の問題が最重要課題であることは本書においても先に触れたが，その点は民間企業の経営者と異なることはない。
　しかし，成果志向についてはどうだろうか。自治会長・町内会長は，民間企業の経営者ほど成果志向でないように考えられる[12]。それは，正しい結論をより早く出し，より経済的な成果を生まなくてはならない企業経営者と違って，自治会長・町内会長の場合は，先に確認したように自治会・町内会には地域社会の統合機能があることから，成果志向というよりは過程（プロセス）に力点を置いているように考えられる（過程志向）。
　例えば，自治会・町内会の総会や組長会議は，企業の社内会議とは幾分趣きを異にする。正しい結論をより早く出すことよりも，参加している役員や住民の間に十分な理解や合意をもたらすこと，あるいは量的に（質的にではなく）コミュニケーションを豊かにすることが，重要な意味を持っている場合が少なくないからである[13]。この点の違いは，民間企業と自治会・町内会が組織として持っている機能，果たすべき役割の違いによると考えられる。
　また，強み志向についてはどうだろう。この強み志向は，別の言葉にすれば「選択と集中」と言える。企業も自治会・町内会も，経営資源が限られているという点では，全く同じである。
　一方，企業が，例えば，唯一の財・サービスの提供のために存在しうるのに対して，自治会・町内会は，先にその果たしている機能で確認したように，極

めて広範囲に及ぶ機能と事業に関わっている。あたかも，地域社会における自治政府のようですらある。つまり，自治会・町内会がその事業内容を選択し集中しにくいという問題である。

　自治会・町内会も，現実的には，限られた資金と人的能力を，その事業計画に投入しているに過ぎない。やみくもに経営資源を分散すれば，いずれの事業分野も不十分なものとなり，ドラッカーの言うような成果を生めないかもしれない。問題は，経営者の意思決定というよりも，地域住民による政治的な意思決定の問題となろう。それに向けたイニシアチブは，自治会長・町内会長に求められるのである。

　つまり，経営者としての自治会・町内会長は，企業経営者に比較して，その経営者としての機能発揮について異なる制約があるということである。あたかも，地方自治体の首長と議会との関係のように，自治会長・町内会長は，総会や組長会議における政治的な意思決定を経なければ，経営者としてのイニシアチブを発揮できないことがあるということである[14]。

4．ミンツバーグによる経営管理者論

　経営管理者論を実証的に論じた研究者として，ヘンリー・ミンツバーグがあげられる。

　経営管理者（マネジャー）に関するミンツバーグの所論について，確認しよう。

　Mintzberg（1975；1989，邦訳 2007）によれば，経営管理者（マネジャー）とは，「組織，あるいはそのサブユニットの責任者」のことであり，具体的には，「CEOのみならず，バイス・プレジデント，宗教の指導者，職長，ホッケーの監督，総理大臣[15]」であり，また，「工場長，スタッフ・マネジャー，現場のセールス・マネジャー，病院のマネジャー，会社の社長，国の大統領，はては不良グループのリーダーまで含む[16]」としている。こうした幅広い捉え方は，ドラッカーと同じである。

　そして，こうした人々の共通点は，「全員が，ある組織単位に対するフォーマルな権限を付与されているということ」であり，その権限から「さまざまな対人関係が生まれ，この対人関係によって情報にアクセスすることが可能とな

る。逆に情報によってマネジャーは、自分の組織のために意思決定し、戦略を策定することが可能になる[17]」とする。

また、ミンツバーグは、経営管理者（マネジャー）の職務について、10個の「マネジャーの役割がある[18]」とし、図表9-2のとおり説明している。

図表9-2　マネジャーの役割

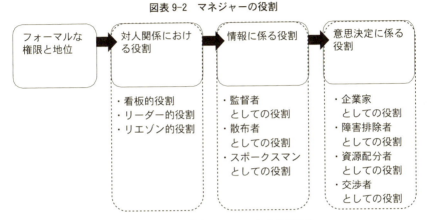

（出所：Mintzberg（1975；1989, p.16, 邦訳 2007, p.22）より引用。）

ミンツバーグは、「部下やさまざまなネットワークとの対人関係を持つことによって、マネジャーは自分の組織の神経中枢となる。マネジャーはすべてを知っているというわけではないが、部下のだれよりもよく知っているのである」とする。また、「マネジャーはリーダーとして、自分のスタッフのだれにでもフォーマルかつ容易にアクセスできる。さらに、リエゾン的役割を通じて、部下がとうてい近づきえない外部情報を知るチャンスが生まれる[19]」とする。

自治会・町内会においても、会長は、地域の情報ネットワークの環である。「そもそもコミュニケーションがマネジャーの仕事の大半だから[20]」である。

会長の意思決定についていえば、ミンツバーグは、「フォーマルな権限として、マネジャーだけが新しい重要な針路へと組織の舵を切り直すことができる。また組織の神経中枢として、マネジャーだけがいま現在の情報を網羅的につかんでおり、これによって組織の戦略を決定する一連の意思決定を下すこと

ができる[21]」とする。

そして、ミンツバーグは、これら10個のマネジャーの役割は、統一的な全体をかたちづくっており、容易に分離できるものではないという。「10個の役割を分割することは、細心の注意を払ってそれらを再統合できない限り、不可能だ[22]」とし、組織内分権には慎重な立場をとっている。

5．コッターによる経営管理者論

ミンツバーグと前後しながら、経営管理者論を実証的に論じたもう一方の雄は、ジョン・P・コッターである。コッターは、リーダーシップ論では20世紀を代表する研究者の1人である。

Kotter（1990；1999，邦訳 1990；1999）によれば、「『リーダーシップ』と『マネジメント』は別者[23]」であると同時に、「むしろリーダーシップとマネジメントは、別々の個性を持ちながら、お互いを必要としているといえる。どちらも独自の役割と特徴を持っている。そして複雑さと変化の度合いが増すビジネス環境においては、ともに欠くべからざるもの[24]」である。

ここで、コッターは、マネジメントとリーダーシップについて、両者の違いを正しく認識する重要性を指摘している。

「マネジメントがだめでリーダーシップが正しいと考えているわけではない。両者は同じではなく、違う目的に適していることを明確にしたいのだ。マネジメントの基本目的は、現在のシステムをうまく機能させ続けることである。これに対してリーダーシップが目指すのは、そもそも組織をよりよくするための変革、とりわけ大変革を推進することである。・・・（中略）・・・マネジメントが不在で強烈なリーダーシップだけが発揮されると、カオス（混乱状態）に陥ってしまうかもしれない。・・・（中略）・・・リーダーシップ不在でマネジメントのみが突出すると、官僚主義に凝り固まった組織ができ上がってしまう[25]。」

コッターに従えば、現在の自治会・町内会においては、そもそもマネジメントが存在するのかが、第1に問われなければならない。そのうえで、第2に、

2000年以降の地域の時代に即した変革を行うために，リーダーシップが発揮されているかが，問われることになる。両者とも存在しない組織が，少なくないのではないだろうか。

また，コッターは，マネジャーがフォーマル及びインフォーマルな「依存関係（dependence）」にあるとしている。そして，マネジャーはさまざまな人間と良好な関係を作らねばならず，その中に上司も含まれていることから，「上司のマネジメント」という概念が導き出されるのである。

コッターによれば，「有能なマネジャーは，上司が無能な場合には，ちゃんと責任を果たすよう，上司をマネジメントする。できるリーダーは必要とあれば，自分の上司も含めて，どんな人をも引っ張っていくものだ[26]」という。

このことを自治会・町内会にあてはめて考えてみると，マネジャーとしての会長は，自組織内の子ども会育成会会長や老人会会長はもとより，連合自治会・町内会の会長や自治体の担当者，近隣の自治会長・町内会長，あるいは，社会福祉協議会地区部会をはじめ，民生委員児童委員地区部会，地区体育振興会，青少年育成組織，PTA，地元観光協会，神社氏子会，祭保存会といった地域組織の長など，実にさまざまな組織の長と依存関係にあることがわかる。

そして，結局，自治会長・町内会長は，地域住民の総意を正当に代表する組織の長として，この360度の依存関係をマネジメントせざるをえないのである。

自治会・町内会長がフォーマルにパワーを発揮できるのは，自組織内のごく限られた範囲にとどまるものの，自治会長・町内会長の職務には，広範囲に及ぶインフォーマルな人間関係を，うまく処理することが含まれているのである。

第2節　企業経営管理者と自治会長・町内会長の比較

1．本節の目的

本節では，民間企業の経営管理者と自治会長・町内会長との比較を試みる。経営管理者に関する先行研究が明らかにしてきたことと，自治会長・町内会長

の実態を比較したときに,何が見えてくるかである。

ここでは,住民自治的非営利組織である自治会・町内会の経営管理者が,企業やこれまで研究対象となった組織群のそれとは異なる特性を持つことが明らかにされる。

2．企業と自治会・町内会の相違

企業の経営管理者と自治会・町内会の経営管理者を比較検討する前に,各々の組織について,相違点を確認しておこう。

最初に,その規模であるが,中小企業庁によれば,2009年時点の企業数は,図表9-3のとおりである。

図表9-3により,わが国には180万に及ぶ民間企業があり,その99.3％が中小企業・小規模企業であることがわかる。また,少なくとも180万人余の経営管理者が存在していることがわかる。

民間企業の常用雇用者と,自治会・町内会の役員とは,一概に比較できないものの,規模だけに着目し,経営管理者が組織内において直接指揮監督すべき対象者と考えれば,多くの自治会・町内会は,中小企業の経営管理者と似たような役割を求められている可能性がある。

一方,社長の平均年齢(資本金別)についていえば,帝国データバンクによれば,2010年現在,図表9-4のとおりである。

図表9-4によれば,企業の資本金額が大きくなる(企業規模が大きくなる)につれ,社長の平均年齢が高くなっていることがわかる。

しかし,自治会長・町内会長の年齢が,60代から80代に及ぶことと比較すれば,若いといえる。逆に,自治会・町内会が,いかに高齢者によって経営されているかである。

また,民間企業と自治会・町内会を比較すると,その存続年数に大きな違いがあることがわかる。

図表9-5は,中小企業庁(2006)が示す中小企業の対前年生存率を元に,積算生存年数を仮に計算したもので,あくまで目安に過ぎないが,起業して10経過後に存続している企業は,3分の1強であると推計できる(年数の経過とともに,対前年の生存率はやや上昇していく(廃業しにくくなる)が,100％で

図表 9-3　わが国の企業数

区分	産業	資本金	条件	常用雇用者	企業数	構成比
大企業	製造業	3億円超	又は	300人超	11,645	0.7%
	卸売業	1億円超	又は	100人超		
	小売業等	5千万円超	又は	50人超		
中小企業	製造業	3億円以下	又は	21～300人	419,209	23.5%
	卸売業	1億円以下	又は	6～100人		
	小売業等	5千万円以下	又は	6～50人		
小規模企業	製造業	中小企業のうち		20人以下	1,356,102	75.9%
	卸売業			5人以下		
	小売業等			5人以下		
合計					1,786,956	100%

(注1) 企業数は，民営かつ非一次産業に関するもので，2009年現在。
(注2) 表中の「小売業等」とは，「小売業・サービス業・飲食店」。
(出所：中小企業庁の企業数「1表　産業別規模別事業所・企業数（民営，chu_kigyocnt/index.htm，2012.10.27）に基づき筆者作表。)

図表 9-4　社長の平均年齢

資本金	年齢（歳）
10億円以上	63.09
10億円未満	63.09
5億円未満	60.06
1億円未満	59.04
5000万円未満	59.10
1000万円未満	57.11
全社長平均	59.07

(注)「全社長」とは，帝国データバンクの企業概要ファイル中の135万社をさす。
(出所：帝国データバンク「特別企画：神奈川県内の社長分析調査（http://www.tdb.co.jp/report/watching/press/pdf/s110201_20.pdf，2012.10.26）により，筆者が一部改変作表。)

はないため，起業初年度からみれば，残存企業数は徐々に減少していく）。

　中小企業の場合，大半の企業が10年存続しないのである。

図表 9-5　中小企業の生存年数

経過年数	1	2	3	4	5	6	7	8	9	10
対前年平均生存率	79.6	87.6	90.0	91.0	92.2	92.4	92.7	92.4	92.6	93.1
積算生存率	79.6	69.7	62.8	57.1	52.6	48.7	45.1	41.7	38.6	35.9

（注1）「対前年平均生存率」は、1984年から2002年までの各年に開業した中小企業について、開業年次毎に対前年から生存している割合を出し、経過年数毎に平均したもの。
（注2）「積算生存率」は、上記「対前年平均生存率」を、経過年数毎に順次乗算したもので、小数点以下第5位を四捨五入した数値について、第2位を四捨五入して表記。
（出所：中小企業庁『中小企業白書 2006年版』2006年、第1-2-21図中「②会社ベース」（http://www.chusho.meti.go.jp/pamflet/hakusyo/h18/H18_hakusyo/h18/index.html, 2013.4.7）を元に、筆者が一部加筆し、作表。）

他方、自治会・町内会はどうか。

現在の自治会・町内会の発生時期については、辻中・ペッカネン・山本（2009）は、「現在の自治会の原型となる組織は明治から大正期にかけて相次いで結成」されたとする[27]。

個々の自治会・町内会の具体的な発足時期については、辻中・ペッカネン・山本（2009）によれば、図表9-6のとおりである。

図表 9-6　自治会・町内会の発足時期

発足時期	わからない	戦前	1946-55年	1956-65年	1966-75年	1976-85年	1986-95年	1996年-
割合（％）	42.6	11.2	11.8	8.6	10.0	7.0	4.1	4.8
生存期間	-	61年以上	51-60年	41-50年	31-40年	21-30年	11-20年	10年以下

（注1）辻中・ペッカネン・山本（2009）のこの調査は、2006年に実施。
（出所：辻中・ペッカネン・山本（2009）47頁、表2-2から抜粋し、一部筆者が改変。）

会の発足時期について、「わからない」とする回答が42.6％もあることから、断定的なことは言えないものの、11年以上存続している会が52.6％と半数以上を占め、50年以上存続している会も23％あることがわかる。

こうしたことから、民間企業（中小企業）と自治会・町内会を比較すると、前者は10年存続しない組織が大半であるのに対し、後者は、11年以上存続している会が半数以上であるということである。

自治会・町内会について考えるとき、長期に存続することを前提にしなけれ

ばならない。

3．10個の役割と会長のつらい・苦しい事

　ミンツバーグが指摘する経営管理者（マネジャー）の10個の役割と，自治会長・町内会長に対する筆者のアンケート調査において，各会長が「つらい・苦しいと思うこと」と答えたことを対比させてみよう[28]。

　つまり，自治会長・町内会長が，経営管理者として果たすべき10個の役割のうち，どの役割を発揮するに際して主な阻害要因があると感じているかである。

　回答として書かれた272項目に及ぶ会長にとってのつらい・苦しい事を，マネジャーの10個の役割に沿って整理すると，図表9-7のようになる。

　この図表から全体として言えることは，各会長からの272項目の回答のうち，個別の役割に対応するものは166個（61.0％）であり，個別の役割というよりはマネジャーであること全体から発生するつらい・苦しい事が106個（39.0％）あることである。

　項目別では，一番多いのが「交渉者としての役割」に関わることで，合計38件あり，具体的には，「住民の無理解・非協力（25件）」，「人間関係がうまくいかない（7件）」，「住民の誤解（4件）」，「行政に強く意見を言えない（2件）」が該当する。

　次いで該当数が多いのは，「監督者としての役割」に関わることで，合計36件あり，具体的には，「会役員の不足や後継者選任（20件）」，「会をうまく運営できない（10件）」，「会の財政的問題（4件）」，「会費未納問題（2件）」である。

　三番目に多いのは，「障害排除者としての役割」に関わる25件であり，具体的には，「住民からの苦情・相談対応（25件）」である。

　そのほか，「企業家としての役割（20件）」，「スポークスマンとしての役割（13件）」，「リエゾン的役割（12件）」が続く。

図表9-7　10個の役割と「つらい・苦しい事」の対応

	マネジャーの10個の役割	つらい・苦しい事	合計件数
1	看板的役割	会長としての責任の重さ	9
2	リーダー的役割	会長としてリーダーシップを求められる	7
3	リエゾン的役割	行政等からの連絡・依頼事務が多すぎる，行政委嘱役員の選任，ほか	12
4	監督者としての役割	会役員の不足や後継者選任，会をうまく運営できない，ほか	36
5	散布者としての役割	役員間の相互理解・協力の不足，役員間のコミュニケーション不足	6
6	スポークスマンとしての役割	会員相互の意見調整が難しい	13
7	企業家としての役割	個別の難事案の対応，会の事業をうまく実施できない	20
8	障害排除者としての役割	住民からの苦情・相談対応	25
9	資源配分者としての役割		0
10	交渉者としての役割	住民の無理解・非協力，人間関係がうまくいかない，ほか	38
役割全部に関連して		私的な時間がなくなる，私生活が乱される，ほか	106
		合計	272

(出所：Mintzberg（1975；1989，p.16，邦訳2007，p.22）に，筆者が加筆し作表。)

　一方，「看板的役割（9件）」や「リーダー的役割（7件）」，「散布者としての役割（6件）」に関わるものは，それほど多くない。

　また，「資源配分者としての役割」に関することで，会長が考えるつらい・苦しい事はない。

　そして，マネジャーとしての10個の役割に区分できない全般的なことが，会長が考えるつらい・苦しい事として，39％（106件）存在する。

　具体的には，「私的な時間がなくなる（32件）」，「私生活が乱される（20件）」，「会長としての業務が忙し過ぎる（18件）」，「経済的に負担がある（10件）」，「精神的に負担がある（8件）」，「仕事との両立が容易でない（8件）」，

「家族に負担や悪影響がある（4件）」，「肉体的にやりきれない（3件）」，「つらいことばかり（1件）」，「筆舌に尽くしがたい（1件）」，「多々色々ある（1件）」である。

　こうしたことからわかることは，自治会長・町内会長が経営管理者としてその役割・機能をより発揮していくためには，まず第一に，会長の時間的負担感・繁忙さや，私生活・家族への悪影響などを軽減することが必要である。この点は，ドラッカーやミンツバーグが指摘している経営管理者の時間的制約と一致している。

　第二には，マネジャーとしての10の役割を発揮できように，組織運営の改善策や会長の教育・訓練プログラムといったものが必要になるだろうということである。

　ただし，両者に優先劣後があるわけではなく，同時並行的に取り組みをすすめればよい。

第3節　自治会長・町内会長の獲得と経営管理者への育成

1．本節の概要

　自治会・町内会の組織目的と企業の組織目的とが同一でないことから，両組織の経営管理者の機能もまた，同一でない。両者には，経営管理者としての共通機能と，組織目的の相違から生じる独自機能とがある。

　前節までの検討と考察に基づき，以下の3段階を明らかにすることが，本章の最終目的となる。

　第1段階：自治会長・町内会長候補者を，どのようにして獲得するか。

　第2段階：獲得した候補者をどのように育て，自治会長・町内会長に就任できるようにするか。

　第3段階：自治会長・町内会長を，どのようにして経営管理者にするか。

　以下，順を追って検討・考察しよう。

2．第1段階：会長候補者の獲得

　地域自治組織の経営管理者としての自治会長・町内会長を獲得するためには，役員・組長などの中から，将来会長になれそうな人材の見込みをたて，順次，自治会・町内会の役職に就けていくことである。

　コッターが言うように，「リーダーが天から降ってくるのをただ待っているような企業には，成功の見込みはない。リーダーの資質を持つ者を本気で探し出し，その資質を伸ばせるようなキャリアパスに乗せることが必要だ。慎重に人材を見立て，眼鏡にかかった逸材を発掘したら手塩にかけて育て，意欲を引き出す──そうすれば，社内の要所要所で活躍する，何十というリーダーを輩出するのも夢ではなくなる[29]」。

　自治会・町内会の役職のうち，組長経験者の中から見込みのある者に，書記などの軽易な役職から体験してもらい，順に重職に就いてもらうのである。

3．第2段階：自治会長・町内会長への育成

(1) 候補者の育成

　自治会長・町内会長の獲得・育成策の第2段階は，獲得した候補者をどのように育て，自治会長・町内会長に就任できるようにするかである。

　コッターによれば，「リーダーとしてもマネジャーとしても有能な人間が，世の中にあふれているわけではない。マネジャーとしては大成功する力を持っていても，強力なリーダーシップは発揮できないタイプもいれば，リーダーとしては将来が楽しみであっても，マネジャーとしては疑問符がつく者もいる。それぞれの美点を重んじ，組織人として丹精して育て上げるのが，賢い企業のなせる技である[30]」。

　そして，「『リーダーシップ』と『マネジメント』の根本的な違いをひとたび理解すれば，一線級の人材を優れたリーダー兼マネジャーに仕立て上げる道は開けるのである[31]」という。

　21世紀の自治会長・町内会長もまた，リーダー兼マネジャーをめざすことになろう。

　会の会計や総務部長などの役職を無事に経験した者の中から，会長候補者として，徐々に引き継ぎをしていくのである。これには，以下の3つの課題があ

る。

(2) 第2段階の課題1：会長として必要な能力・力量の獲得

　獲得した会長候補者を育て，自治会長・町内会長に就任できるようにするための課題の1個目は，会長候補者に，会長として必要な能力や力量を獲得させることである。

　最初に，自治会長・町内会長として必要とされる素養，能力，条件について考えてみよう。

　それらがあることで，各会長から出された「つらい，苦しいと感じること」が少なくなるものとして，以下のものが考えられる。

① 粘り強さ＝素養
② 時間的余裕＝条件
③ 組織運営能力＝能力
④ 家族の理解＝条件
⑤ リーダーシップ＝素養
⑥ 精神的な強さ＝素養
⑦ 経済的余裕＝条件
⑧ 問題解決能力＝能力
⑨ コミュニケーション能力＝能力

　素養は，本人が本態的に持つ性質や性格であり，能力は，学習や教育により獲得可能なものであり，また，条件は，本人を取り巻く環境といえる。

　この中で，一番本人によって解決しにくい項目は，条件としての「⑦ 経済的余裕」であろう。しかし，この点については，各会が，会長の負担を解消できるように，必要な事務費や実費を，会員世帯の理解を得ながら，きちんと支弁していくことで解決できる。

　他の条件については，会長自身の工夫によって，作りだしていくことが第一義的であろう。また，地域社会としても，会長の置かれた状況をよく理解して，負担軽減とともに，家族への配慮と感謝の表明が必要である。

①，⑤，⑥といった素養については，会の活動の過程で，徐々に獲得していくことに期待せざるを得ない。もちろん，そうした素養に恵まれた人を会長職に得ることができれば幸いであるが，必ずしも，そうした人が地域社会の中から獲得できるとは限らない。やはり，会長自身も成長していく決意を最初に固める必要があろう。

能力については，最初から持ち合わせた人はいないという前提で，何らかの形で，獲得できる場を作ることが必要であろう。単位自治会・町内会で設定することは難しいであろうことから，自治会・町内会の連合会・連絡会レベルで，自治体の支援も得ながら，取り組むことが必要であろう。

(3) 第2段階の課題2：会長として機能するに際しての阻害要因の除去・低減

獲得した会長候補者を育て，自治会長・町内会長に就任できるようにするための課題の2個目は，会長として機能するに際しての阻害要因を除去・低減することである。それらの対策案について，少し検討しよう。

① 多忙さの解消について

会長と役員に関しては，なにより会長の多忙さの解消が第1である。そのためには，組織内で分権化することと，事務量を具体的に減らす工夫をすること，必要なら事務職員を雇用することなどが考えられる。

また，女性役員の比率を上げ，地域にある高齢男性以外のマンパワーを引き入れる。

ドラッカーは分権派であり，チームマネジメントを推奨している[32]。

各々役割分担をしながら，責任を持って，担任事務を執行できる委員会制や部会制をとりいれたい。

② コミュニケーションについて

これは，まず，あいさつ運動が大切である。繰り返し接することで，対象に対する親近感が増すからである。

また，インターネット上にホームページを開設する自治会・町内会も増えた。印刷された回覧板よりも，タイムリーかつ視覚的に訴える点ではホームページの方が優れている。また，ホームページ内に，会員住民だけが入れるコーナーを作り，コミュニケーションの場としている会もある。

さらに，集会施設があると住民活動が豊かになり，住民間のコミュニケーションも広がる。行政からの補助を得つつも，自前で建設するのは大変な住民負担であるが，近隣の空き店舗など他の施設を借用することも含めて，検討するとよい。

③ 組長会議の改革について

組長（班長）層が，組長（班長）会議で自由に発言できる雰囲気をつくること，組長（班長）会議以外でのコミュニケーション方法を確保することなどの工夫が必要である。

(4) 第2段階の課題3：会長として機能するための促進要因の賦与・増殖

獲得した会長候補者を育て，自治会長・町内会長に就任できるようにするための課題の3個目は，会長として機能するための促進要因を賦与・増殖させることである。

① 会長になった動機について

最初に，現自治会長・町内会長が会長になった動機について，確認しよう。第4章でみたように，筆者の行ったアンケート調査によれば，会長になった動機は，主要なものとしては「地域に対する愛情（地域愛）」（44.3％），「住民の一人として当然の責務（責務の自覚）」（43.9％），「地域社会に貢献したい（貢献意欲）」（41.7％）があげられる。

こうしたことから，会長へ付与すべき動機づけ要因，会長職を育てるための促進要因として，第一には，地域住民や組長（班長）層，役職者の中に，地域社会への愛情を育てることが有効と考えられる。

つぎに，「住民の一人として当然の責務」という考えは，市民の社会的責任（Civil 又は Citizen's Social Responsibility ; CiSR[33]）という概念に結びつく。自治会長・町内会長に就任するに際しては，そうした責務の自覚がある程度前提となっていると考えられる。100世帯からなる会であれば，各世帯には会を維持していく責務が少なくとも1％，均等にあるはずである。そうした「責務を自覚すること」が，自治の基本，地域住民による主体性発揮の基盤である。「わが家以外の99世帯がやればよい」という考え方は，自治になじまない。各世帯が1％の責務を共に担い合わなければ，100世帯が住む地域社会は

健康に維持していけない。「わが家は1%を担えないから、税金を原資に自治体がやればよい」という考え方は、行政を肥大化させた一因であるし、また、現代的な住民自治ではない。

そして、こうした取り組みのプロセスこそが、地域社会の中に、互酬性の規範とともに、信頼とネットワークといったソーシャル・キャピタルや、主体性・公益性・無償性といったボランタリズム、経験、地域リーダーといった人材、伝統、文化を育成・醸成していくのである。

② 会長をしていて「良かった」と思うこと

「会長をしていて良かったと思うこと」というのは、会長が職務を継続遂行していくうえでの促進要因になっていると考えられる。

筆者の2007年アンケート調査が明らかにした「会長をしていて良かったと思うこと」をミンツバーグの10個の役割にあてはめてみると、図表9-8のとおりである。

最初に、10個の役割のうちリエゾン的役割の発揮に伴うことが、106件と一番多い。その内容としては、「たくさんの地域住民と知り合える（86件）」、「他町内のことにも詳しくなったり、他地域の知り合いも広がる（20件）」である。

自会の代表として他地域の組織や人と連絡・連携する役割が、会長自身の知識や人間的触れ合いの幅を広げ、そのことを会長自身が好ましく思っていることがわかる。

次に多い項目は、「企業家としての役割（61件）」である。具体的には、「地域に貢献できる（地域住民の要求実現ができる）（59件）」や、「会の経営改善ができた（2件）」である。

これは、自らが率先して地域社会における住民ニーズを実現できるという達成感に結びついている喜びである。

10個の役割のうち3番目に多いのは、「監督者としての役割」に関することで、39件あった。具体的には、「地域のことがよく分かるようになった（34件）」と「会のことがよくわかるようになる（5件）」である。

第3節　自治会長・町内会長の獲得と経営管理者への育成　193

図表9-8　10個の役割と「良かったと思うこと」の対応

マネジャーの10個の役割		良かったと思うこと	合計件数
1	看板的役割		
2	リーダー的役割	権力を得られたり，他から厚遇される。	10
3	リエゾン的役割	たくさんの地域住民と知り合える，他町内のことにも詳しくなったり，他地域の知り合いも広がる。	106
4	監督者としての役割	地域のことがよく分かるようになる，会のことがわかるようになる。	39
5	散布者としての役割		
6	スポークスマンとしての役割		
7	企業家としての役割	地域に貢献できる（地域住民の要求実現ができる），会の経営改善ができた。	61
8	障害排除者としての役割	地域の底力（SC）を体感できる。	9
9	資源配分者としての役割	地域住民から感謝される。	14
10	交渉者としての役割		
各役割発揮に直接関係しないもの		人間的に成長したり，自己変革できる。達成感が得られる。地域住民から信頼される，ほか。	73
		合計	312

（出所：Mintzberg（1975；1989, p.16, 邦訳2007, p.22）に，筆者が加筆し作表。）

　組織の監督者として，事務事業を計画・執行管理したり，各役員・住民と協働する中で，地域のこと，組織の中のことがよく分かるようになるのである。
　上記3項目以外にもいくつか該当する役割があるものの，4項目は該当するものがなかった。それは，「看板的役割」と「散布者としての役割」，「スポークスマンとしての役割」，「交渉者としての役割」である。
　そして，ミンツバーグのいうマネジャーの10個の役割の発揮と直接関係しないものが，73件と少なくない点を指摘しておこう。
　つまり，自治会長・町内会長として，その役割を発揮することに直接関わらないものの，しかし，会長の役割発揮を動機づけていると考えられることであ

る。

　それらは，「人間的に成長したり，自己変革できる（28件）」や，「達成感が得られる（15件）」，「地域住民から信頼される（15件）」，「自分にとって利益がある（7件）」，「『人の役にたった』というボランティア感（5件）」などである。

　このような会長の表白をみると，自らが人と地域に関わることを抜きにして人と地域を豊かにしていくことはできないと実感しているように考えられる。そして同時に，そのプロセスを通して，会長自身も人間として豊かになるのである。まさに，地域住民自身が自ら解決していくこと，つまり住民自治のプロセスが重要であることを示している。

　こうしたことについて，ドラッカーの言葉を借りるならば，「非営利組織は『人間変革機関』であり，その製品は『変革された人間である』」[34]という指摘が，まさにあてはまる。自治会・町内会は自治的住民の変革機関（孵卵器）であり，その産出物は自治的住民と住民自治である。

4．第3段階：自治会長・町内会長を経営管理者にする

　自治会長・町内会長の獲得・育成策の第3段階は，会長を経営管理者に改造することである。

　自治会長・町内会長であるということが，即ち，一定規模の組織の経営管理者としてふさわしい者であるということには，残念ながらならない。

　農家や個人商店の主といったいわば組織経営の素人を一定規模の組織の経営管理者にする教育・訓練は，はたして可能なのであろうかと思われるが，一般企業の経営者も，必ずしも最初からプロフェッショナルなわけではない。彼らもまた，学習と教育・訓練，実際の経営体験が鍛えたものである。

　帝国データバンクの調査によれば，2010年現在の全国の社長の平均年齢は59.1歳であり，また，神奈川県内の社長についていえば，「4年制大学，短期大学など大学卒の社長は1万6,108人で全体の26.73％を占めている[35]」に過ぎない。

　つまり，大学卒の社長は，わずか4人に1人であり，数ある学部学科の中で経営学を専門的に学修した者は，その中でもさらに少数になろう。

第3節　自治会長・町内会長の獲得と経営管理者への育成　　*195*

　全体としては経営について理論的な教育を受けていない社長が圧倒的大多数であるということになる。
　一般企業の社長もまた，経営の素人からプロへ，自らを改造しているといえる。
　会長に，経営管理者として必要な要素や能力を獲得させなくてはならない。
　それは，やはり，経営者教育ということになる。
　そうした過程や場は，現在の単位自治会・町内会の中には存在しないため，自治会・町内会の外部からもたらされなければならない。
　最善の場は，地域自治組織向けの経営管理者教育機関があることだが，現時点では存在しない。
　市区町村レベルでそうした機関を設置するか，都道府県レベルで設置するかであろう。地域自治組織の内情に詳しい者と，組織経営の専門家などが共同し，自治体や地域住民の意見を取り入れながら，設置するのがよいだろう。
　そうした機関がハード的に設置されるまでは，ソフト的にそうしたサービスを提供できるように，自治体と連合自治会・町内会とが商工会議所などの協力を得て，検討・実施するのが現実的である。近隣に経営系の大学などがあるのであれば，そうした機関の専門家の協力を得られれば，なお，充実した教育課程を企画・実施できるであろう。

おわりに

　本章においては，経営管理者論の視点から自治会長・町内会長に対して光をあて，その姿を素描した。もとより素描であり，更なる研究が求められるところであるが，ここにおいても，いくつか明らかになったことがある。
　一番重要なことは，自身も一人の地域住民である会長は，会長職の執行に必然的に伴う苦労を感じながらも，同時に，執務の過程から得られる喜びを糧にして成長していく姿が確認できたことである。
　住民自治的非営利組織たる自治会・町内会もドラッカーの言う人間変革機関であり，その経営管理者としての会長自身もまた，組織と活動の成果物であるということが指摘できる。
　特定の財とサービスを提供することを目的に組織され利益配分が認められた

民間企業と，地域社会と地域住民から求められるニーズに対して広範に応答せざるをえず，また，利益配分をしない自治会・町内会とでは，その組織目的などが異なることから，必然的に経営管理者たる自治会長・町内会長に求められる機能や役割が異なることである。

言わば，住民自治的非営利組織であるという組織的違いが，自治会・町内会と民間企業組織との重大な相違点である。

そうしたことから，企業経営者を前提に研究されてきた経営管理者論では十分でなく，自治会・町内会のような住民自治的な非営利組織の経営管理者を対象として，その機能と役割について，改めて研究される必要があることが指摘できる。

また，自治会長・町内会長は，決して大きくない地域社会の中から獲得されなければならないことから，必然的に，次代の人材育成をどう行うかという問題につながる。

さらに，地域社会における人材育成は，必然的に社会教育的な側面を持たざるをえないことから，経営学の知見のみならず，社会教育論や文化論，社会学などからの学際的援用が必要になろう。

（本章は，関東学院大学経済学会『経済系　第256集』(2013年7月) 掲載の研究ノートを加筆・修正したものである。）

注
1　Fayolの日本語表記については，都筑栄訳ではフェイヨルとし，佐々木恒男訳ではファヨールとされ，また，山本安次郎訳ではファィヨールとしているが，ここでは，最初の邦訳者である都筑栄に従い，フェイヨルと表記することとする。
2　Fayol (1916 ; 1962, pp. 1-5, 邦訳 1958, pp. 3-8).
3　Fayol (1916 ; 1962, p. 5, 邦訳 1958, p. 8).
4　Fayol (1916 ; 1962, p. 7, 邦訳 1958, p. 10).
5　Barnard (1938, p. 6, 邦訳 1968, p. 6).
6　Barnard (1938, p. 217, 邦訳 1968, p. 227).
7　Drucker (1966, p. 8, 邦訳 1966, p. 21).
8　Drucker (1966, p. 1, 邦訳 1966, 序文 p. 8).
9　Drucker (1966, p. 1, 邦訳 1966, 序文 p. 8).
10　Drucker (1966, pp. 10-13, 邦訳 1966, pp. 25-30).
11　Drucker (1966, pp. 23-24, 邦訳 1966, pp. 49-50).
12　この点は，筆者の町内会役員としての参与観察と，業務上やりとりのある複数の町内会長たちに

対する観察による。
13 第3章第4節第2項において，宮本（1984）からの引用として示した対馬の千尋藻（ちもろ）での集会（寄合）の様子を参照されたい。
14 民間企業にも株主総会があり，また，取締役会があるが，日常的には民間企業の経営者の手を縛るほどの力を持っていないと考えられる。
15 Mintzberg（1975 ; 1989, p. 15, 邦訳 2007, p. 20）．
16 Mintzberg（1975 ; 1989, p. 9, 邦訳 2007, p. 7）．
17 Mintzberg（1975 ; 1989, p. 15, 邦訳 2007, pp. 20-21）．
18 Mintzberg（1975 ; 1989, p. 15, 邦訳 2007, p. 21）．
19 Mintzberg（1975 ; 1989, pp. 17-18, 2007, pp. 26-27）．
20 Mintzberg（1975 ; 1989, p. 18, 2007, p. 27）．
21 Mintzberg（1975 ; 1989, p. 19, 邦訳 2007, p. 29）．
22 Mintzberg（1975 ; 1989, p. 22, 邦訳 2007, p. 35）．
23 Kotter（1990 ; 1999, p. 51, 邦訳 1990 ; 1999, p. 47）．
24 Kotter（1990 ; 1999, p. 51, 邦訳 1990 ; 1999, p. 47）．
25 Kotter（1998 ; 1999, p. 11, 邦訳 1998 ; 1999, pp. 20-21）．
26 Kotter（1998 ; 1999, pp. 14-16, 邦訳 1998 ; 1999, pp. 26-28）．
27 辻中・ペッカネン・山本（2009, p. 42）．
28 筆者の 2007 年アンケート調査の中の問「つらい・苦しいと思うこと」を1つ以上記入した会長は，実数で 168 人（全体の 70.6%）であり，この問いに記入されたすべての自由回答数は，272 項目である（3個まで複数回答）。

　このような自由記入回答という文字列を総合し，構造化する手法として，KJ法が著名である。筆者は，川喜田（1967 ; 2008）により，これらの回答群をまとめる作業を行った。
29 Kotter（1990 ; 1999, pp. 51-52, 邦訳 1990 ; 1999, pp. 47-48）．
30 Kotter（1990 ; 1999, p. 52, 邦訳 1990 ; 1999, p. 48）．
31 Kotter（1990 ; 1999, p. 52, 邦訳 1990 ; 1999, pp. 48-49）．
32 Drucker（1966, p. 114, 邦訳 1966, pp. 213-214）．
33 企業の社会的責任（Corporate Social Responsibility）が一般的に CSR と表記されるが，市民の社会的責任（Civil 又は Citizen's Social Responsibility）と区別するために，前者を CoSR, 後者を CiSR と表記すると好都合である。
34 Drucker（1990, p. xiv, 邦訳 1991, p. 5）．
35 帝国データバンク（2011, p. 3）．

【参考文献】

Barnard, Chester I. (1938) *The Functions of the Executive*, Harvard University Press.（山本安次郎・田杉競・飯野春樹訳『新訳　経営者の役割』ダイヤモンド社，1968 年。）

Drucker, Peter F. (1966) *The Effective Executive*, Harper & Row.（野田一夫・川村欣也訳『経営者の条件』ダイヤモンド社，1966 年。）

Drucker, Peter F. (1990) *Managing the Non-Profit Organization: Principles and Practices*, Harper Business edition, Harper Collins.（上田惇生・田代正美訳『非営利組織の経営－原理と実践－』ダイヤモンド社，1991 年。）

Fayol, Henri (1916) (Dunod, 1962 (3e livraison de 1916)), (in French), *Administration industrielle et générale; prévoyance, organisation, commandement, coordination, controle*, Paris, H. Dunod et E. Pinat.（都筑栄訳『産業並に一般の管理』風間書房，1958 年。）

Kotter, John P.（1990）"What Leaders Really Do" *Harvard Business Review* May-June in Kotter, John P.（1999）*John P. Kotter On What Leaders Really Do*, Harvard Business School Press.（「リーダーシップ強化法」『ダイヤモンド・ハーバード・ビジネス』1990年9月，再掲「リーダーとマネジャーの違い」黒田由貴子監訳『リーダーシップ論』ダイヤモンド社，1999年，pp. 45-77。）

Mintzberg, Henry（1975）"The Manager's Job: Folklore and Fact", *Harvard Business Review*, July-August in Mintzberg, Henry（1989）*Mintzberg on Management: Inside Our Strange World of Organizations*, The Free Press, pp. 7-24.（DIAMONDハーバード・ビジネス・レビュー編集部訳「管理者の職務：その伝説と実際の隔たり」ハーバード・ビジネス・レビュー編集部『ダイヤモンド・ハーバート・ビジネス』ダイヤモンド社，1980年2月号。再掲『H. ミンツバーグ経営論』ダイヤモンド社，2007年，pp. 3-53。）

川喜田二郎（1967；2008）『発想法　83版』中央公論新社。

中小企業庁（2006）『中小企業白書（2006年版）』（http://www.chusho.meti.go.jp/pamflet/hakusyo/h18/H18_hakusyo/h18/index.html，2013/4/7）。

中小企業庁（2009）「1表　産業別規模別事業所・企業数（民営，非一次産業）」（http://www.chusho.meti.go.jp/koukai/chousa/chu_kigyocnt/index.htm，2012/10/27）。

辻中豊・ロバート・ペッカネン・山本英弘（2009）『現代日本の自治会・町内会—第1回全国調査にみる自治力・ネットワーク・ガバナンス—』木鐸社。

帝国データバンク（2011）「特別企画：神奈川県内の社長分析調査」2011年2月3日（http://www.tdb.co.jp，2012/10/26）。

宮本常一（1984）『忘れられた日本人』岩波書店。

終章

第1節　本研究の結論

1．本研究の要約と成果

① 研究の要約

　本書は，経営学アプローチによるはじめての本格的な自治会・町内会研究である。

　自治会・町内会は，わが国では全国至るところにあり，その数は30万団体余に及ぶ。そして，全国平均でみると国民の8割程度が加入していると推定されるわが国最大の民間非営利組織である。この自治会・町内会の経営が効果的，持続的・発展的であるかどうかは，国民全体の生活の質を直接左右する。

　2000年以降，行政による地方分権や福祉の地域化，安心・安全の問題などに関連し，自治会・町内会に対する期待とニーズが高まる一方，地域社会内のソーシャル・キャピタルが減少しつつあり，社会環境の変化も重なって，少なくない自治会・町内会は後継者難や加入率減といった組織的存亡の危機に直面している。

　そこで，本研究は，国民の大多数が加入している自治会・町内会の組織的特性やその動態を明らかにし，そこに主要な経営学各論を適用することで，自治会・町内会の経営改善に具体的に貢献しようと試みたものである。

　同時に，これまで経営学やNPO論では研究されていなかった自治会・町内会という巨大な非営利組織群を経営学研究の射程の中に引き入れることで，学術的な貢献を意図したものである。

　本書の全体構成について再度確認する。まず，序章では，研究目的と方法についての説明につづき，自治会・町内会を住民自治的非営利組織と位置づけた。

　第1章では，自治会・町内会の歴史を概観し，21世紀に入ってからの自治

会・町内会への期待の高まりについて述べた。

続く第2章では，各種調査に基づく自治会・町内会の実状を紹介し，高まる期待と裏腹に，加入率低下や後継者難という課題を抱え，少なくない組織が存亡の危機に瀕していることを指摘した。

第3章では，自治会・町内会に関わる，あるいは，本研究の参考となる先行研究について概観した。先行研究は，主に社会学，歴史学，民俗学，行政学，政治学などがあるものの，経営学における直接的な先行研究はない。

第4章では，前章までの先行研究・調査で明らかになっていない，特に，自治会長・町内会長の活動を支えている動機（誘因）や組織運営の具体的内容などに関して，筆者が独自に行ったアンケート調査の結果得られた知見について論述し，検討を加えた。

そして，第5章以降は，自治会・町内会について，主要な経営学各論の適用を試みたものである。第5章では組織論を，第6章ではマーケティング論を，第7章では経営戦略論を，第8章では人材育成論を，そして第9章では経営管理者論を検討した。

地域社会において，「誰も排除しない」という包括性（社会統合の役割）を担っている組織は自治会・町内会であり，同時に，地域におけるソーシャル・キャピタルの醸成に大きく関わっている。

自治会・町内会自身も，このソーシャル・キャピタルを成立の前提要件としているが，自治会・町内会を活性化させることで，自らの存立基盤を豊かにすることができ，機能の発揮を結果的に好循環させることができる。

自治会・町内会の経営にとって，会長の担う役割は重要であるが，その会長をどのように地域住民の中から育成し，機能させ続けるかは，要となる問題である。また，地域住民の順番型ボランティアである組長（班長）は，会のさまざまな面で重要な役割を担っていると同時に，後継人材育成の重要な対象者群でもある。

住民自治組織としての自治会・町内会は一人ひとりの住民により担われており，まさに「住民自治の学校」と言うことができる。ここには，国籍を問わず誰でも参加することができ，住民自治を体験的に学ぶことができるのである。

21世紀は地方の時代であると同時に，地域の時代でもある。地域における

共益と公益を担っている住民自治的非営利組織としての自治会・町内会の活性化を図っていく必要がある。

第2節　残された課題と今後の研究に向けて

　ここで，若干の残された研究課題について，述べておく。

　ひとつ目は，リーダーシップ論に関するさらなる議論である。筆者が行ったヒアリング調査などで，会長にふさわしい者の特質などについて質問をした。しかし，会長の特性について特に立ち入った検討と議論はできなかった。今後の研究課題である。

　ふたつ目は，財務上の解明である。自治会・町内会の活動と実態について資金的な側面から解明するために，財務内容を把握しようとしたが，アンケート調査の回答だけでは解明することができなかった。その理由は，各会がまったく不統一な会計処理を行っているからである。今後は，なんらかの統一した記帳方法により，財務面からの活動と実態の解明にも取り組んでいきたい。

　いずれにしても，地域における住民自治的非営利組織の経営研究は，まだ緒についたばかりである。

　また，なによりも，全国の自治会・町内会の基礎的データの蓄積を進めていくことが求められる。全国の組織の名簿がないため，具体的な全体像は，依然詳細には分からないままである。データの収集手法の研究も含め，データの蓄積が求められる。沖縄県などのように極端に加入率の低い理由の解明も必要だろう。連合自治会・町内会についても研究蓄積は乏しい。

　さらに，日本以外の国の住民自治的非営利組織に関する国際比較研究などにも研究の目が向けられなければならないと考える。

　自治会・町内会に関する研究課題は，山積したままである。

あとがき

　本書は，筆者の自治会・町内会に関する経営研究の集大成である。
　2002年春，関東学院大学大学院経済学研究科の科目等履修生として経営学研究を開始して以来，博士前期課程2年間，博士後期課程4年間，その後の法政大学大原社会問題研究所嘱託研究員としての研究期間を含め，合計14年間にわたる研究生活のまとめである。
　自治会・町内会といった地域社会における住民自治的非営利組織について，それまで経営学の視点から研究の光があてられたことはなかったといってもよく，自治会・町内会に関する多くの研究は，社会学や行政学，政治学などからであった。
　しかし，自治会・町内会を目的を持った組織としてとらえるとき，その効果的経営に資する学問として最適なものは，経営学にほかならない。本書は，自治会・町内会を対象とする経営学研究の草分けである。
　筆者は，その開拓者としての栄誉に浴すると同時に，先行研究の乏しさや著者自身の研究蓄積の浅薄さからくる内容の至らなさについて率直に認めるものである。諸先輩方や各方面からのご指導・ご批判を，心より求めたい。
　筆者が研究生活を送るにあたって，実に多くの先生方からご指導・ご鞭撻をいただいた。ここに一部を記して感謝を申し上げたい。
　博士後期課程で主査を務めていただき，前期課程（副査）から6年間にわたってご指導をいただいた池内守厚教授に，最初の感謝の言葉を申し上げなければならない。穏やかな講義の中に，時として激しい主張を込められ，経営学を超えた幅広い視点から議論を展開されことが，筆者の視野を広げてくれたと感謝している。
　高橋公夫教授には，博士前期課程で主査として，続いて後期課程では副査として，懇切丁寧なご指導をいただいた。訥々とした話し方の中にも，情熱と深い理論の背景があり，修士論文の審査の後にいただいた「石栗ワールドだね」

の一言は，その後の研究生活で困難にあったときの心の支えとなった。自分の研究にオリジナリティがあることを認めていただいた，忘れられない一言であった。

　関東学院大学経済学部の諸先生方には，在学中はもとより，その後もご指導いただいていることに大変感謝している。

　石崎悦史名誉教授には，最初のゼミで，大学院での学習の仕方を教えていただいた。筆者は，石崎教授の温かな視線を，在学中いつも背中に感じていた。

　大住莊四郎教授からは，公共経営に関してご指導をいただいた。また，母校を会場にした貴重な学会報告の機会をいただいたことは，感謝に耐えない。

　修士論文の副査をしていただいた小山嚴也教授（副学長）には，修士論文原稿の一言一言に朱入れをしていただき，内容に対するそのご指摘とともに，原稿をしっかり推敲することの大切さを教えていただいた。また，経営学会での筆者の最初のプレゼンテーションについて懇切なご指導をいただいたことも，大変有難く思っている。

　関東学院大学以外の先生方にも，この場を借りて，一言お礼を申し上げたい。

　日本NPO学会元会長で大阪大学大学院国際公共政策研究科の山内直人教授からは，NPO研究に関して多大なご指導をいただいた。池内守厚教授のお許しを得て，2005年度の1年間，大阪の山内教授の元に通ってご指導をいただいた共同研究「市民社会国際比較研究プロジェクト」は，筆者のNPO研究の基礎を形成している。大阪は筆者の大好きな街である。毎月1回豊中キャンパスで行われた研究会は極めてハイレベルで，その折りに全国の共同研究者達と知り合えたことも，筆者の貴重な財産となっている。

　その時の共同研究者である三重大学国際交流センターの吉井美知子教授には，貴重な授業の時間を割いていただき，2009年夏から足掛け3年5回にわたり，筆者に三重大学での講義の機会を与えていただいた。この時の英語による講義は，日本における自治会・町内会を日本人以外の人にどのように説明し理解してもらったらよいかを考える機会となり，筆者の自治会・町内会研究の拡大・深化につながった。そうした機会を与えていただいたことに，心より感謝している。

法政大学大原社会問題研究所と前所長である五十嵐仁教授にも，心からのお礼を申し上げたい。筆者が，大学院修了後の研究生活継続について煩悶していた後期課程の4年目，嘱託研究員への採用に関する筆者からの不躾な手紙に対して丁寧なご返事をいただいたのみならず，面会の時間を割いていただき同研究所の嘱託研究員に採用していただいたことは，筆者の現在の研究生活の基盤となっている。同研究所から嘱託研究員の立場をいただけたからこそ，筆者は大学院修了後の研究生活を現在も継続できているのである。

　最後に，最大の感謝を申し述べるべきは，齊藤毅憲教授（横浜市立大学名誉教授）である。筆者が後期課程4年目に入った2008年4月に，横浜市立大学を退官された齊藤毅憲教授が関東学院大学に移ってこられたことは，まさしく天の采配であった。というのも，筆者はこの年を最後に大学院生活を終了する予定だったからである。筆者は，関東学院大学大学院経済学研究科経営学専攻における齊藤毅憲教授の名誉ある最初の弟子である。教授からいただいた学恩は，山よりも高い。以後，齊藤教授と池内教授，高橋教授のトロイカ体制によって，筆者は大学院での研究生活最後の1年を濃密に過ごした。本書によって，この3人の先生をはじめ多くの先生方から賜った学恩に少しでも報いることができるのであれば，筆者にとって無上の喜びである。

　また，改めて言うまでもなく，筆者が自治体職員としての職業生活とともに14年間にわたる研究生活を継続してこられたのは，家族の理解と支えがあったからにほかならない。

　自分自身も働きながら家庭を守ってくれた妻・日出子に，週末を一緒に過ごすことが少ないことについて不満をもらさず応援してくれた3人の子，真郷・真伍・陽子に，新たな家族となった真伍の妻・悠と孫娘の佳奈，陰ながら支えてくれた兄夫婦の孝郎・睦子に，そして，文章を書くことが何より好きだった今は亡き父・弘と，89歳になってもなお元気闊達な母・俊子に，心からの感謝とともに本書を捧げることにしたい。

索　引

【アルファベット】

AGIL 図式　17, 52
CSR　21
GHQ　15
KJ 法　87-88
NPO　ⅲ, 6, 9-10, 19, 21-22, 34, 47-50, 64, 103-104, 108-109, 113, 116, 119, 122, 126, 131, 138, 141-142, 145-146, 151, 161, 164, 167, 199, 203
OffJT　162, 167
OJT　162, 167
PTA　21, 26, 56, 104, 115, 163-166, 181
SWOT 分析　134

【ア行】

アソシエーション　28
アメリカン・マーケティング協会　116
安心・安全　6, 15, 30, 62-63, 80-81, 112, 120, 122, 144, 199
一般的環境　96
一般的競争　125-127
一般的信頼　58
衛生組合　70, 73
お祭り　38-39, 113-114
おやじの会　27, 163

【カ行】

外部環境　95-96
回覧板　38-39, 80, 190
顔の見える関係　57
学区　14
学校週5日制　2
過程志向　177
加入世帯　26, 72-73
加入率　34-35, 42-44, 59, 69, 86, 112, 120, 141, 143, 146, 155, 160-161, 199-200
　　──減　6

簡易保険団体　71, 73
管理機能　173
管理者　174-175
管理的意思決定　135
企業活動　173
絆　1, 30, 62, 129, 131, 139, 142
基礎の自治体　4, 16
機能別戦略　140
共益団体　49
共益と公益の汽水域　28
行財政改革　3, 16
行政委嘱　55, 74, 82, 86-87, 99-100, 145
行政連絡員　86
共同組合　14-15
協働体系　92
共同知　25-27
業務的意思決定　136
近隣集団論　60
区長　14
組長（班長）　72, 75-76, 80, 103, 115, 143, 146, 150, 158, 166-168, 170, 191, 200
組（班）　26, 28, 80, 143
経営管理者　170, 172, 174-175, 179, 181-182, 185, 187-188, 194-196
　　──論　ⅱ, 10, 85, 172, 175, 178, 180, 195-196, 200
経営者　174-178
　　──教育　166, 195
経営戦略論　ⅱ, 10, 97, 134-135, 137, 139, 145, 200
継続活動　114
公益団体　49
効果的意思決定　177
後継者難　6, 36-37, 44, 199-200
公式組織　92-93, 95, 174
構造　98-99
交通指導員　164
高齢化　6, 103, 145

高齢・少子化　5
高齢・人口減少社会　2
国民保護法　2
互酬　80
　——性　56
　——性の規範　58, 84, 112, 129, 131, 139, 142,
　　　161, 168, 192
　——的　131
互助　7, 80
コスト・リーダーシップ　138
　——戦略　139
子供会　18-19, 99
子ども会　ii, 15, 56, 74, 95, 100-102, 115
　——育成会　21, 163, 165-166, 181
　——育成部　101
子ども110番の家　56
五人組　14
ごみ手数料　73
コミュニティ　2, 15-16, 20, 24-25, 63, 103
　——・スクール　2
　——ビジネス　103-104

【サ行】

ザイアンス効果　62
財政規模　37
財政状況　43, 67, 86, 89
サービス　109-110, 122-123
差別化　138
参入障壁　76
時間重視志向　176
事業戦略　140
自警　51
資源誘引製品　109
自己啓発　162
自己統治　58, 76
自治組織　59
自治の学校　22
市町村合併　2
市民協働　3
市民の社会的責任　22, 84, 191
社会関係資本　56, 58
社会教育　2, 161, 167-168, 196
社会的行動　109-110, 122
社会統合　22, 53

社会福祉協議会　25, 70, 73, 104, 115, 128, 181
社会福祉推進員　18-19, 164-165
「集金マシーン化」問題　73-74
集中　138
　——戦略　139
住民サービス　3
住民参加　3, ii, 1, 5, 8, 14, 21, 24, 50-51, 58-59,
　　　85, 87, 131, 155, 168, 192, 194
住民自治組織　6, 8-9, 20-22, 29, 50-51, 55, 57,
　　　59-60, 62-63, 76, 80, 87, 139, 145, 155, 200
住民自治的非営利組織　ii, 6, 9, 20-21, 27, 30,
　　　63, 109, 134, 172, 182, 195-196, 201-202
住民自治の学校　155, 200
重要案件集中志向　177
ジュニア・リーダー　169
順番制　75-76, 146
順番ボランティア　166, 168
小学校区　14, 20, 25-27, 36, 43, 70
少子化　6, 43, 57, 126
少年補導員　18-19, 165
消防協力委員　18
消防団　18, 21, 26, 56, 99, 102, 163, 165
昭和の大合併　27
食事の宅配サービス　128-129
自律　58
新規学卒一括採用　153
新規活動　114
人口減少　5-6, 43
人材育成　141, 146, 150-156, 161, 165, 168-170,
　　　196
　——論　ii, 10, 200
神社氏子会　71
人的資源　150-151
スパン・オブ・コントロール　76
スポーツ指導委員　164-165
成果志向　177
青少年育成指導員　18-19, 21, 102, 163, 165
青少年相談員　19
正当性　19, 44, 55, 72, 142-143
青年会　163, 165
世帯　20, 26, 28, 43, 53, 55, 71-72, 79-80, 129,
　　　145, 154, 160, 168
全社戦略　140-141
専門部制　76

索引　207

戦略的意思決定　97, 135, 140-141
相互限定性　130-131
相互交換性　130, 156
相互扶助　16, 21, 58, 131
阻害要因　134, 185, 190-192
促進要因　88, 134, 144, 191-192
組織階層　156
組織環境論　90, 105
組織境界論　91, 105
組織均衡論　90-91, 93, 105
組織構造論　90-91, 105
組織多重性の問題　71
組織文化　164, 165
組織理論の基本定理　96
組織論　ii, 7, 9-10, 90, 94, 105, 200
ソーシャル・キャピタル　ii, 6, 10, 22, 42, 51, 56-58, 60, 63, 88, 144, 161, 168, 170, 192, 199-200
ソーシャル・マーケティング　123-124, 131
そのつど採用　152

【タ行】

体育指導委員　18-19, 99
体育振興会　165, 181
太鼓保存会　18
対面性　25, 27
対面接触　25, 58-59
短期適応　98-99
単純接触効果　62-63
団体自治　ii, 3, 8, 30, 50, 155
団地自治会　76, 166
地域限定性　143, 156
地域自治区　2
地域自治組織　2, 60, 188, 195
地域主権　3
　　——大綱　3
地域人材バンク　168
地域福祉　2, 144
地域防災組織　2
地域連携軸　23
地縁組織　13, 15, 57, 130
地区防犯・防災組織　ii
地方自治　ii, 1-2, 5-6, 8, 19, 22, 24, 50-51
　　——体　1, 3-5, 8, 115, 155

地方分権　8, 144
　　——一括法　1, 144
中核的製品　109
中学校区　20, 24-25, 27-28, 70, 165, 169
長期適応　98-99, 101, 105
強み志向　177
提供物　117
統　59
東北地方太平洋沖地震　3
特定的環境　96
ドメイン　94-97

【ナ行】

内部化の意思決定　97
内部環境　95-96
内務省訓令第17号　15
認可地縁団体　36
人間変革機関　22, 85, 123, 194-195
ネイバーフッド　25
年間活動日数　82
農家組合　71
農区　71
農事改良組合　70
納税貯蓄組合　70, 73
能率　98

【ハ行】

バランガイ　59
販売促進　117
非営利組織　6-7, 9-10, 20, 22, 30, 34, 47, 50, 63-64, 85, 118-119, 123, 129-131, 139, 158-159, 194, 196, 199
　　——論　63, 91
東日本大震災　4-5
非公式組織　92-93
婦人会　15, 56, 101, 163
婦人防火クラブ　102, 18
物的財　109-110
プロダクト・カテゴリー競争　125-127
プロダクト・フォーム競争　124, 126
プロモーション　108
分権　2, 138
分配機能　73
防災　16, 26, 39, 80, 101-102, 110, 113-115

防犯　16, 26, 38-39, 80, 101-102, 110, 113-115, 127, 154
　──カメラ　127
保護司　18-19, 99, 164-165
保護者会　163, 165
補助的製品　109
ボランティア　i - ii, 1, 3, 7, 9, 20, 42, 48-49, 57, 70, 75, 80, 85, 103, 122, 127-128, 130, 151, 156, 169, 194

【マ行】

巻き込まれ型の参加　42
マーケティング　200
　──論　ii, 10, 108-109, 116
町請制度　14
町組　14
マネジメント　76, 115, 137, 152, 162, 180-181, 188, 190
マネジャー　178-181, 185-188, 193
見直活動　114
民間非営利組織　ii - iii, 5-6, 9, 29, 47, 50, 199
民生委員児童委員　ii, 18-19, 70, 99, 102, 104, 122, 154, 164-165, 181
無縁社会　1, 30
明治の大合併　27

【ヤ行】

有効性　98
有志組織　15, 16
予算競争　125-127

【ラ行】

リーダー　40, 42, 60, 63, 76, 84, 87-88, 151, 178-179, 188, 192-193
リーダーシップ　162, 181, 188
　──論　180, 201
隣保共助　51
連合自治会・町内会　20, 24, 25, 27, 162, 166, 168-170, 181, 195, 201
老人会　ii, 15, 18-19, 56, 95, 101, 110, 115, 163, 181

【ワ行】

ワンワンパトロール　127

著者紹介

石栗伸郎（いしぐり　のぶお）

1956年1月	神奈川県生まれ
1981年3月	山形大学人文学部（文学科英語英米文学専攻）卒業（文学士）
1981年4月	横須賀市役所入庁
2005年3月	関東学院大学大学院経済学研究科（経営学専攻）博士前期課程修了（修士（経営学））
2008年7月	法政大学大原社会問題研究所嘱託研究員（現在に至る）
2009年3月	関東学院大学大学院経済学研究科（経営学専攻）博士後期課程修了（博士（経営学））
2016年3月	横須賀市役所定年退職
2016年4月	横須賀市役所再任用職員として勤務継続
	e-mail ishiguri3@gmail.com

主要著作・論文

『世界の市民社会 Global Civil Society』（共著）大阪大学大学院国際公共政策研究科 NPO 研究情報センター，2006年

「住民自治的非営利組織たる町内会の活性化モデルの構築」ISS 研究会編『現代経営研究』第11号，2009年，pp.1-56

「自治会・町内会に対する経営戦略論の適用に関する予備的考察」関東学院大学経済経営研究所編集兼発行『経済経営研究所年報 第33集』，2011年，pp.165-185

「自治会・町内会への組織論適用に関する予備的考察」関東学院大学経済経営研究所編集兼発行『経済経営研究所年報 第34集』，2012年，pp.147-165

「自治会長・町内会長への経営管理者論適用に関する予備的考察」関東学院大学経済学会編集兼発行『経済系 第256集』，2013年，pp.48-67

「自治会・町内会へのマーケティング論適用に関する予備的考察」関東学院大学経済学会編集兼発行『経済系 第258集』，2014年，pp.75-91，など。

【装画作者】渡辺有子（東京藝術大学環境造形デザイン研究室修了）

自治会・町内会の経営学
～21世紀の住民自治発展のために～

2016年4月25日　第1版第1刷発行　　　　　　　　　　検印省略

著　者　石　栗　伸　郎

発行者　前　野　　隆

発行所　東京都新宿区早稲田鶴巻町533
　　　　株式会社　文　眞　堂
　　　　電話　03（3202）8480
　　　　FAX　03（3203）2638
　　　　http://www.bunshin-do.co.jp
　　　　郵便番号 162-0041　振替00120-2-96437

印刷・モリモト印刷　製本・イマキ製本所

ⓒ 2016

定価はカバー裏に表示してあります
ISBN978-4-8309-4901-2　C3034